WALTER DEUTSCH ZUM 60. GEBURTSTAG

Dem
lieben
und
verehrten
Freund
Prof. Franz J. Thalhammer
herzlich
zugeeignet!
Walter Deutsch
28.4.83

WALTER DEUTSCH
ZUM 60. GEBURTSTAG

Ein Musiker in Praxis und Forschung

Eine Bio-Bibliographie

Herausgegeben vom
Institut für Volksmusikforschung in Wien

Mit 13 Notenbeispielen
und einem Porträt

VERLAG A. SCHENDL · WIEN

ISBN 3-85268-078-6

Druck: G. Gistel & Cie., Wien

INHALTSVERZEICHNIS

Walter Deutsch

WIDMUNG

Wenn ein Musiker in mehreren Gestalten wirkt und auftritt, fällt es schwer, ihn einzuordnen und zu würdigen. *Walter Deutsch,* der nunmehr 60jährige, den diese kleine Schrift vorstellt, kann von den verschiedensten Standpunkten aus beschrieben werden: als Lehrer, als Komponist, als Forscher, aber auch als Innovator und als musischer Unterhalter.

Die Hochschule für Musik und darstellende Kunst in Wien besitzt in ihm zunächst den Lehrer und Forscher. Immerhin wurde sein Institut ein Zentrum der jüngsten Forschungsgeschichte für den Bereich der musikalischen Volkskultur. Da seine sachbezogene Begeisterung nicht nur Studierende berührt, sondern jeden Hörenden in Stadt und Land, werden seine Impulse noch für eine lange Zeit nachwirken und die Befassung mit Volksmusik auch weiterhin sichern. Zugleich ist zu hoffen, daß es *Walter Deutsch* gelingt, die Ernte aus seinen Erkenntnissen breitgefächert vorzulegen.

AD MULTOS ANNOS

o. Prof. Dr. Helmut Schwarz
Rektor
der
Hochschule für Musik und darstellende Kunst in Wien
April
1 9 8 3

BIOGRAPHISCHE NOTIZ

1923 Geboren am 29. April in Bozen als drittes Kind des Friseurmeisters und Musikers Cyrill Deutsch und seiner Frau Rosa Röll. Von 1930 bis 1934 Besuch der italienischen Volksschule und erste musikalische Versuche. Unterricht in Klavier, Violine und Klarinette, sowie im Notenschreiben, vornehmlich durch den Vater.

1934 Übertritt in das „Instituto tecnico commerciale e per geometrie“, einer Art Realgymnasium. Aktive und leidenschaftliche Beteiligung bei einer untergrundartig wirkenden katholischen Jugendgruppe.

1937 Als Versager aus der Schule genommen und als Lehrling ins väterliche Friseurgeschäft eingetreten.

Beginn des praktischen Musizierens in der Blasmusikkapelle „Zwölfmalgreien“ und im Unterhaltungsensemble des Vaters.

1940	Von den Diktatoren Benito Mussolini und Adolf Hitler zur Auswanderung gezwungen. Neuer Wohnsitz der Familie wird Kufstein in Nordtirol. Beginn des erwünschten Musikstudiums in Innsbruck am „Musikseminar" der städtischen Musikschule.
1941	Aufnahme als „Pfeiffer" in einen Spielmannszug des „Reichsarbeitsdienstes" (RAD). Bald darauf Rekrutierung zur FLAK und Kriegseinsatz in Nordafrika.
1943	Kriegsgefangenschaft — Algier, Schottland und Colorado (USA). Große Möglichkeiten, sich musikalisch zu betätigen.
1946	Rückkehr aus der Kriegsgefangenschaft. Musikstudium an der Städtischen Musikschule in Innsbruck (bei Fritz Weidlich). Privatunterricht in Violine und Musiktheorie bei Norbert Gerhold. Auch als Tanzmusiker tätig.
1948	Übersiedlung nach Wien. Student an der Akademie für Musik und darstellende Kunst in Wien. Hauptfächer: Musiktheorie/Komposition und Dirigieren. Lehrer: Alfred Uhl, Hans Swarowsky und Franz Eibner.

1952 Abschluß der Studien und als „freischaffender Komponist“ jede Möglichkeit ausnützend. Zunehmende Hinwendung zu allen Fragen der Volksmusik; Mitarbeit am Volksliedarchiv für Wien und Niederösterreich.

1955 Förderungspreis für Musik der Stadt Wien.

1956 Heirat mit Ilse Czuma, einer musisch begabten Lehrerin. Mit den Kindern Angelika, Elisabeth, Lukas, David und Florian gab es viele Jahre eine Spielgruppe mit einem besonderen musikalischen Wirkungsfeld.

Förderungspreis des „Theodor-Körner-Stiftungsfonds zur Förderung von Wissenschaft und Kunst“.

1957 Anstellung als Ballettkorrepetitor an der Wiener Volksoper, verbunden mit musikalischen Rollen in Spielopern und Operetten.

1963 Lehrbeauftragter für „Musikalische Volkskunde“ an der Akademie für Musik und darstellende Kunst in Wien.

1965 Gründer und Leiter des „Instituts für Volksmusikforschung“ der Hochschule für Musik und darstellende Kunst in WiWn.

Beginn intensiver „Feldforschungen“ und Einführung der „Seminare für Volksmusikforschung“.

1967 Förderungspreis des „Dr.-Adolf-Schärf-Fonds zur— Förderung der Wissensschaften“.

Bestellung zum Referenten für Volksmusik im neuerrichteten „Studio Niederösterreich“ des Österreichischen Rundfunks (ORF).

1975 Gestalter der volksmusikalischen Fernsehreihe „Fein sein, beinander bleiben“.

1979 Ernennung zum
o. Hochschul-Professor

1982 und ...?
Aus der Verbindung von Forschung und Lehre an der Musikhochschule mit der Arbeit beim ORF entstand ein großes Wirkungsfeld, das der Volksmusik einen neuen Stellenwert in der Öffentlichkeit brachte.

Immer schon führten mich die Wege
zu einem Podest, auf dem ich zu
wirken oder zu bewirken hatte:

als Zirkusdirektor im Faschingsspiel
im Kindergarten;
als Bannerträger einer katholischen
Jugendgruppe;
als „Pfeiffer vom Dienst", unter
Mitwirkung großdeutscher Klang-
massen;
als einsamer Stabsfunker vor der
Stahlmauer zahlreicher US-Tanks;
als unakademischer Leiter singender
Kriegsgefangener;
als ungalanter Pianist für Unterhal-
tung suchende Schihaserln;
als mehrfach einzusetzender Instru-
mentalist in Oper und Operette;
als fanatischer Sucher nach Volks-
musik;
als unbequemer Vater vieler Kinder;
als betriebsamer Leiter eines Insti-
tuts;
als volksmusikalischer Marktschreier
mit Mikrophon;
. . . und am Ende ist einer,
dessen Tat ihn ständig überrascht,
weil sie wie ein Stein im Wasser
unzählbare Kreise verursacht,
und jeder Kreis — auch der
entfernteste — zurückwirkt.

Walter Deutsch

BIBLIOGRAPHIE
ERSTELLT VON MARGIT WEBER

Abkürzungen:

Ebd.	Ebendort
IFMC	International Folk Musik Council, Kingston, Ontario, Canada
IVMF	Institut für Volksmusikforschung an der Hochschule für Musik und darstellende Kunst in Wien
JÖVLW	Jahrbuch des Österreichischen Volksliedwerkes. Wien
JVLF	Jahrbuch für Volksliedforschung. Im Auftrag des Deutschen Volksliedarchivs, hrsg. von Rolf Wilhelm Brednich. Berlin
LTHNÖ	Landesverband der Trachten- und Heimatvereine für Niederösterreich. Mödling
ME	Musikerziehung — Zeitschrift zur Erneuerung der Musikpflege. Wien
ÖMVK	Österreichisches Museum für Volkskunde
ÖMZ	Österreichische Musikzeitschrift
ÖVLW	Österreichisches Volksliedwerk
ÖZV	Österreichische Zeitschrift für Volkskunde
R	Rezension
SMZ	Sänger- und Musikantenzeitung. München
UE	Universal Edition. Wien
VWGÖ	Verband der wissenschaftlichen Gesellschaften Österreichs

Notenbeispiel 1

Beginn des dritten Satzes aus der Sonate für Violine und Klavier, gewidmet dem Kufsteiner Gemeindearzt Dr. Herbert Thym, 1951

I. KOMPOSITIONEN UND BEARBEITUNGEN

(Soweit nichts anderes vermerkt ist, liegen die Kompositionen als Manuskript vor)

1947

1 Heimgang. Lied für eine Singstimme und Klavier. Text von Erich Kofler

2 Scherzo für Klavier

3 Giocoso für Klavier

1949

4 10 Lieder für eine Singstimme und Klavier nach verschiedenen Dichtern

1950

5 Musik und Hörspiel „Raimund in Pottenstein“ von Otto Baxa nach Motiven aus Ferdinand Raimunds Zauberposen

6 Lied für dreistimmigen Chor nach eigenem Text

7 3 kleine Walzer für Hochzeit von Rudi und Hilde Röll

1951

8 „Kleine Sonate“ für Violine und Klavier für Dr. Herbert Thym

9 „Der Jahreslauf“, 12 Veränderungen einer Tonreihe für hohen Sopran und Kammerorchester nach Texten von Ingeborg Mühlhofer

10 „Kleine Stücke“ auf ein Thema von Paul Hindemith für Violine, Bratsche, Cello und Klavier

11 Duo für Harfe und Horn in F

12 Studie für tiefe Instrumente

1952

13 „Divertimento“ für fünf Bläser

14 „Kleines Konzert“ in D für Orchester

15 „Kleines Konzert“ in F für Orchester

16 Spruchweisheit des Morgenlandes. Aus dem Sanskrit verdeutscht von Otto Baxa, für gemischten Chor

Notenbeispiel 2

Partiturseite zum ersten Bild aus dem Ballett „Die Geschichte von der harten Nuß" — Handlung, Text und Choreographie von Ilka Peter, 1954

17 Vier Lieder aus „Des Knaben Wunderhorn“ für gemischten Chor

18 Bearbeitung 30 deutscher und alpenländischer Volkslieder für gemischten Chor

1953

19 Däumelinchen. Eine Märchenoper von Otto Baxa. Klavierauszug und Partitur

20 Das Osterei. Lieder und Musik zu einem Märchenspiel von Ingrid Baxa

21 Niederösterreichische Bauernmesse von Theodor M. Vogel für gemischten Chor und Blasinstrumente

22 Slowfox für eine Singstimme und Klavier nach eigenem Text

1953 (—1958)

23 Bearbeitung von 36 Volkstänzen für Spielmusik

1954

24 Ein kleiner Kindertanz. Für Klavier, 2 Violinen und Violoncello

25 27 Lieder für gemischten Chor und vier Lieder für Männerchor nach verschiedenen Dichtern

26 Zwei Lieder von Ingrid Baxa für Kinder- und Frauenchor

27 Musik und Lieder zu „Hoppels Abenteuer“, einem Hörspiel von Ingrid Baxa für Soli, Kinderchor und sieben Instrumente

28 Elf Kinderlieder für mehrstimmigen Chor nach verschiedenen Dichtern

29 Vier Lieder für Bariton, Violine, Viola und Violoncello nach Texten von Christine Busta

30 Die Geschichte von der harten Nuß. Ein Tanzspiel nach E.T.A. Hofmann für Tanzgruppe, Sprecher, Kinderchor und Orchester. Handlung und Text von Ilka Peter

31 Ilsebill und der Zauberer. Ein musikalisches Märchenspiel für kleine Leute nach Texten von Ingeborg Mühlhofer

33 Kleines Konzert in A für Klavier und Streichorchester

34 Neun Tänze für ein Bläsersextett

35 178 Bearbeitungen von deutschen und alpenländischen Volksliedern für gemischten Chor

1955

36 Kleines Konzert für fünf Bläser und Streichorchester

Notenbeispiel 3

Skizze zu Nummer eins der Schauspielmusik zu „Medea“ von Fr. Th. Csokor, 1955

37 Kleine Weihnachtsmusik für Violine, Viola, Violoncello und Klarinette

38 Bühnenmusik zur Tragödie „Medea“ von Franz Theodor Czokor

39 Kleine Musik für Flöte und Violine

40 Fünf Lieder für gemischten Chor nach Texten verschiedener Dichter

41 Räuber und Gendarm, Marsch mit besonderer Coda

42 Bearbeitung von 12 Volksliedern und Kinderliedern für gemischten Chor

43 „Da nimm i mei Stuzal und geh auf die Heh“. Acht Jägerlieder im Satz für vierstimmigen Chor a cappella (Part.). Wien Doblinger, 1955 (Das alpenländische Volkslied)

44 „Wia lusti is auf hoacher Alm“. Acht Almlieder. Ebd.

45 „Du blauaugats Dianal, i hob di so gern“. Acht Liebeslieder. Ebd.

46 „Ein Kind geborn gar wunderschön.“ Acht Weihnachtslieder. Ebd.

47 Bearbeitung von zehn burgenländischen Weihnachtsliedern aus der Sammlung Karl M. Klier für Soli, gemischten Chor und Instrumentalensemble

48 gemeinsam mit Karl Horak: Volkslieder aus Südtirol, vier Hefte

1956

49 A und B. Ein Singspiel für Knaben von Ilka Peter

50 Zwei Mundartlieder für eine Singstimme und Klavier nach Texten von Ingrid Baxa

51 Zwei Kinderlieder nach eigenen Texten

52 Das Mädchen und der Fremde. Ein Tanzspiel von Ilka Peter. Ausgabe für Klavier

53 Kristine. Ein kleiner Walzer für Klavier

54 Kreis des Lebens. Ein Tanzspiel von Grace und Kurt Graff. Ausgabe für Klavier

55 Kleine Musik für drei Trompeten

56 Sieben Lieder für gemischten Chor nach Texten verschiedener Dichter

57 Alles auf der Welt ist wohlbestellt. Kantate nach österreichischen Volksweisen für Soli, gemischten Chor und Instrumente

58 Zwölf Kinderlieder nach Texten verschiedener Dichter

59 Bearbeitung von zehn Volksliedern aus dem Waldviertel für gemischten Chor

1957

60 Die Grenze. Komische Oper in vier Bildern. Libretto von Emil Breisach

61 Klavierstücke für gymnastische Studien

62 Lied für eine Singstimme und Celesta nach Worten von Jens Rohwer

Notenbeispiel 4

Partiturskizze zur Oper „Die Grenze", Libretto von Emil Breisach, 1955 57

63 Sieben Lieder für gemischten Chor nach Texten verschiedener Dichter

64 Vier Lieder für eine Singstimme und Klavier nach Texten von Christine Busta und Hanns Humer

65 Die Sieben Schwaben. Pantomime von Mario Benko für Kinderchor und Klavier

66 24 Kinderlieder nach Texten verschiedener Dichter

67 Der Schulmeister. Singspiel nach Melodien von Johann Strauß. Gestaltung: Ilka Peter

68 Die Schulbuben. Ein Kindertanz in Marschform für Klavier

69 Bearbeitung von 28 Volks- und Kinderlieder für gemischten Chor mit Instrumentalbegleitung

1958

70 Weihnachtliche Spielmusik für kleines Ensemble

71 Kleine Variationen auf eine mährische Volksweise für Violine und Klavier

72 50 Kinderlieder nach verschiedenen Texten für eine Singstimme und Klavier

73 Drei Lieder nach Texten verschiedener Dichter für eine Singstimme und Klavier

74 Volksweisen aus dem Peloppones für Oboe, Violoncello und präpariertes Klavier

75 Musik zum Ballett „Die Halbstarken!“ von Friedrich Boxberg

1959

76 Die Jahreszeiten. Eine Kantate für Sprecher, Kinderchor und Streicher nach eigenen Texten

77 23 Lieder nach Texten verschiedener Dichter für gemischten Chor

78 Kleine Musik Nr. 2 für drei Trompeten

79 Vier Kinderlieder nach eigenen Texten

80 14 Kinderlieder nach eigenen Texten (SOS-Kinderdorf-Verlag, Hinterbrühl)

81 Der Auflauf. Eine musikalische Szene nach Josef Weinheber für Soli, Chor und kleines Orchester

1960

82 Ein Hund, ein Hahn und eine Kuh. Singspiel für Kinder mit Klavier, Blockflöten und Glockenspiel, nach eigenen Texten

83 16 Lieder nach Texten verschiedener Dichter für gemischten Chor zum Teil mit Instrumentalbegleitung

84 Adagio und Andante für drei Geigen und Klarinette

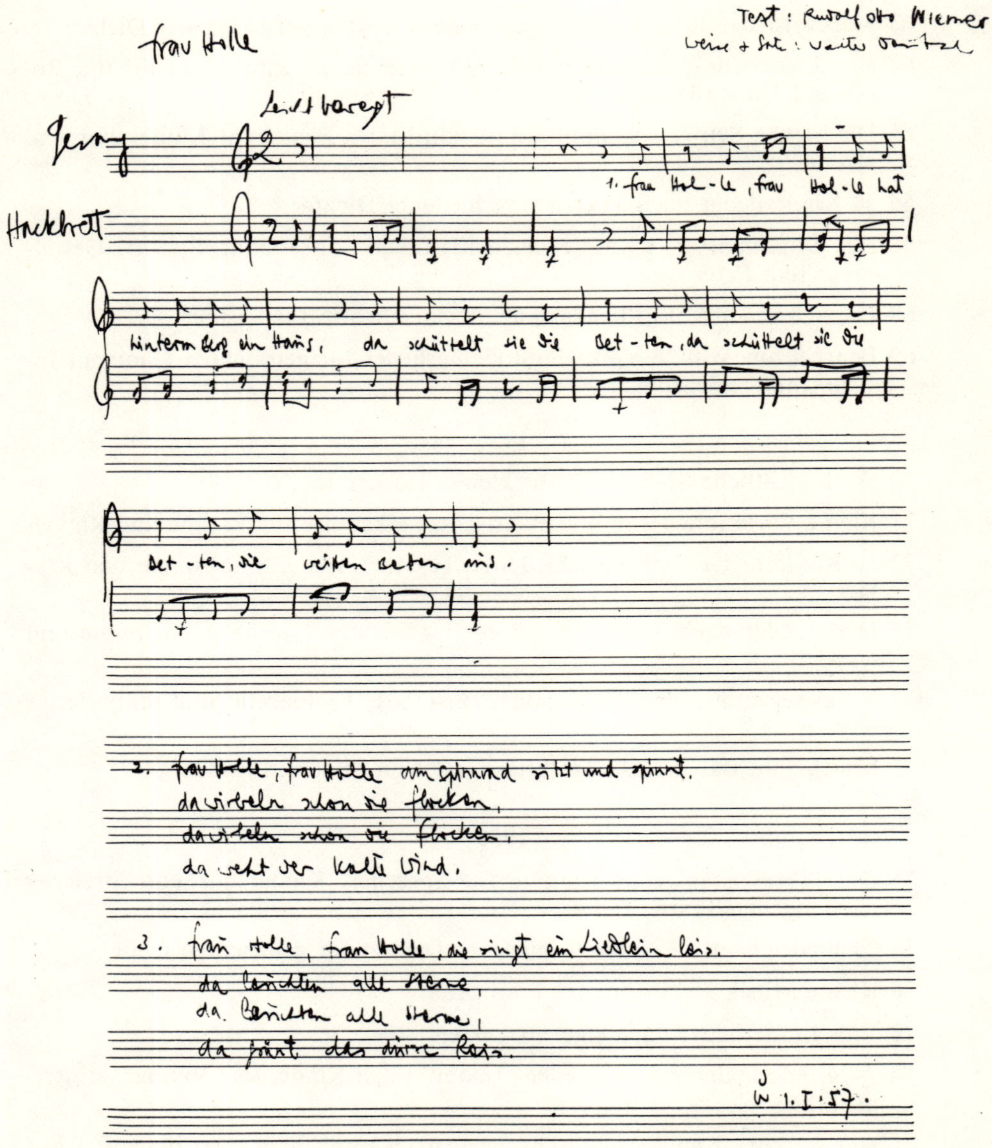

Notenbeispiel 5

„Frau Holle" — Lied für Kinder nach einem Text von Rudolf Otto Wiener, 1957

85 Fünf Lieder nach Texten von Christine Busta für gemischten Chor

86 Der Zinssoldat. Lied für eine Singstimme und Klavier; Text von Emil Breisach

87 Requiem aeternam. Geistliche Arie für Sopran, Flöte und Violoncello

88 Der singende Kalender. Eine Sammlung neuer Kinderlieder

89 Bearbeitung von 76 Volksliedern für unterschiedliche Chorbesetzungen

1961

90 Ein Kind geborn gar wunderschön. Weihnachtskantate nach alten Weisen und Texten aus Niederösterreich für Soli, gemischten Chor und Spielmusik

91 Zehn neue Adventlieder nach Texten verschiedener Dichter für gemischten Chor

92 Kleine festliche Musik für fünf Instrumente

93 Fünf Lider zum Musical „Plautus in der Tretmühle" nach Texten von Ernst Pichler

94 17 Chorlieder nach Texten verschiedener Dichter

95 Bearbeitungen von 35 Volksliedern für drei Stimmen

1962

96 O Wunna über Wunna. Weihnachtskantate nach alten Weisen und Texten aus Ebensee für Soli, gemischten Chor, Sprecher und sieben Instrumente

97 Drei Chorlieder nach Texten verschiedener Dichter

98 Glücksnummer 33. Ein Tanzspiel von Ilka Peter

99 Bearbeitung von sieben Volksliedern für gemischten Chor

1963

100 „'s Leben will Vadeant sei". Kantate für Soli, gemischten Chor und kleines Orchester nach den „Bauernsonetten" von Theodor Maria Vogel

101 „Das Meistersonett" für Männerchor, zwei Klarinetten, drei Trompeten und zwei Posaunen. Text von Theodor Maria Vogel

102 23 Chorlieder nach Texten verschiedener Dichter

103 Bearbeitung von 24 Volksliedern für gemischten Chor zum Teil mit Instrumentalbegleitung

104 Nachtigall und Frosch. Spielstück

105 Marsch und Menuett bearbeitet für vier Instrumente

106 Episoden. Variationen über ein Thema von Arthur Schnitzler. Choreographie von Gerhard Senft. Musik nach Motiven von Johann und Josef Strauß

Notenbeispiel 6

Heft eins zum Liederblatt für Kinder: „Das singende SOS-Kinderdorf", 1958. Graphische Gestaltung: Helga und Haimo Lauth.

107 Musik zum Schauspiel „Die Verwandlung“ (nach Franz Kafka von Ferenc Florian)

108 Die Palette. Walzer für Orchester, gewidmet dem Wiener Künstlerhaus

109 Bearbeitung von fünf Volkstänzen

110 Vier Lieder für eine Singstimme und Klavier nach Texten verschiedener Dichter

111 Wiener G'schichten. Ein Ballett von Alois Mitterhuber. Musik nach Motiven von Eduard, Johann und Josef Strauß

1965

112 Der Tag. Eine Kantate für Kinder und Instrumente

113 Tierlieder-Kantate für Kinder und Instrumente

114 's Erste Notenbüchl aus Österreich. 12 Stücke aus den österreichischen Bundesländern für drei und vier Instrumente. München, Preissler, 1966

115 Bearbeitung von sechs Adventliedern für das „Liederblatt“ zum offenen Adventsingen der Wiener Singgemeinschaft

116 Volksweisen aus Österreich. Bearbeitung von 39 Liedern und Tänzen. In: Sing- und Spielbuch für die Schule, hg. von K. Lerperger, K. Schmidt und E. Würzl, Wien, Österreichischer Bundesverlag, 1965

1966

117 Vier Kinderlieder nach Ingrid Baxa und eigenen Texten

118 Steht auf ihr Hirtensleut! Weihnachtskantate nach alten Krippenliedern, bearbeitet für gemischten Chor

119 Volksmusik aus Vorarlberg. Neun Tänze für zwei Melodieinstrumente und Gitarre

120 Neufassung des „Wiener Tandlmarktes“ von Albert Nagnzaun (1803) für Soli, Chor und Streichorchester

121 Bearbeitung der „Berchtoldgadener Deutsche“. In: Sänger und Musikantenzeitung, 9/1966, München, S. 54—56

1067

122 Zehn Chorlieder mit Klavier und Celesta nach fremden und eigenen Texten

123 14 Kinderlieder nach eigenen und fremden Texten

124 Kindermarsch für einen festlichen Tag für Blockflöten

125 Musik zum Kinderspiel „Wolf und Gänse“

126 Wir schmücken den Tannenbaum. Ein kleines Spiel für Kinder mit zehn Liedern nach Texten von Ingrid Baxa

Notenbeispiel 7
Erste Seite der Chorpartitur zum Lied „Nun springen sie alle“, 1959

127 Kleine Weihnachtskantate für Sprecher, Solisten, dreistimmigen Chor und Instrumente. Wien, Universal-Edition 1967

128 Bearbeitung von 14 österreichischen Volksliedern für gemischten Chor

129 Volksmusik aus Niederösterreich. Ausgewählt und gesetzt von W. D. (mit Vorbemerkungen). Verlag des Niederösterreichischen Bildungs- und Heimatwerkes, Wien 1967

130 Volkslieder aus Niederösterreich. Ausgewählt und gesetzt von W. D. (mit Vorbemerkungen) Verlag des Niederösterreichischen Bildungs- und Heimatwerkes, Wien, 1967

131 Gemeinsam mit Walter Maurer: Alpenländische Volksmusik — Ausgabe für Akkordeon. München Preissler, 1967 (38 Nummern)

132 Sammlung europäischer Volksmusik mit 135 Beiträgen aus Böhmen, Jugoslawien, Österreich, Rumänien, Schweiz, Russland, Mähren, Slowakei und Ungarn

1968

133 Vier neue Adventlieder für gemischten Chor nach Texten verschiedener Dichter

134 Adventmusik für Kinder

135 Bearbeitung von sieben Bläserweisen

136 Bearbeitung von vier Volksliedern für gemischten Chor

137 Musik zum Märchenspiel „Der Schilf-Hansl“

1969

138 18 Wienerlieder nach Texten verschiedener Dichter

139 Friedhofsmusik für Bläserquartett

140 Fünf Kinderlieder nach eigenen und fremden Texten

141 Bearbeitung von 14 Volksliedern für gemischten Chor zum Teil mit Instrumentalbegleitung

142 Tänze aus Wien für zwei Violinen und Violoncello (mit Vorwort). Wien, Universal Edition 1969 (Rote Reihe 3)

1970

143 Zehn Neujahrslieder, bearbeitet für Soli und Bläser

1971

144 Adventmusik und Hirtenweise für kleines Ensemble

145 Zehn Kinderlieder nach eigenen Texten

146 Aus österreichischen Tanzbüchln — Heft 1 — Burgenland (gemeinsam mit Anton Reiterits) Zehn Tänze für vier Instrumente. Wien, Doblinger, 1971

Notenbeispiel 8
Fünfter Teil aus der Kantate für Kinder „Der Tag", 1962

147 Sing mit uns! Lieder, Reime und Spiele für Kinder im Vorschulalter (gemeinsam mit Christine Gauster und Eberhard Würzl).
Wien, Österreichischer Bundesverlag, 1971

148 Bearbeitung von drei Tänzen für Bläserseptett

1972

149 Vier anonyme Wiener Tänze, aufgezeichnet 1852 von Metternich Graf Sandor, eingerichtet für Harfe

150 Aus österreichischen Tanzbüchln — Heft 2 — Kärnten (gemeinsam mit Edi Rauter) Zehn Tänze für vier Instrumente, Wien Doblinger 1972

151 Weihnachtsmusik 1972 für kleines Ensemble

152 Zwölf Kinderlieder nach eigenen und fremden Texten

153 Lieder und Tänze aus Niederösterreich. Sing und Spielblätter. Mödling. Landesverband der Trachten- und Heimatvereine für Niederösterreich 1972 (Sammelmappe)

1973

154 Fünf Chorlieder nach Texten verschiedener Dichter

155 Aus österreichischen Tanzbüchln — Heft 3 — Niederösterreich (gemeinsam mit Franz Schunko) Zehn Tänze für vier Instrumente. Wien, Doblinger 1973

156 Tänze aus München. Neun Nummern für drei Instrumente. München, Preissler, 1973

157 Zu Gottes Ehr. Mostviertler Messe nach Texten von Rudolf Alberer für drei gleiche Stimmen und Spielmusik

158 Acht Kinderlieder nach eigenen Texten

159 Bearbeitung von fünf Wiener Liedern für Solostimme und Ensemble

160 Bearbeitung von sechs Wiener Weisen und Tänzen für kleines Ensemble

161 Bearbeitung von vier geistlichen Volksliedern für gemischten Chor

162 Bearbeitung von 19 Volkstänzen für kleines Ensemble

1974

163 Drei Orgelstücke: 1. quasi una fantasia; 2. quasi un adagio; 3. quasi un fugato improvisato.

164 A letter. Slow für Big Band

165 Alpenländische Weisen I—IV für Bläserquartett

166 Aus österreichischen Tanzbüchln — Heft 4 — Steiermark (gemeinsam mit Gundl Holaubek) Zehn Tänze für vier Instrumente. Wien, Doblinger 1974

167 Neufassung von 13 Passions- und Osterliedern nach alten Vorlagen für gemischten Chor.

168 ’s Burnhäutl, Wienerische Polka für Zither

1975

169 Acht Lieder aus Wien. Gesetzt für gemischten Chor. Wien, Doblinger 1975

170 Volkstänze aus Niederösterreich. Bearbeitung der Notenbeilage. Hsgb. von Ludwig Berghold. Mödling, Landesverband der Trachten und Heimatvereine für Niederösterreich 1975

1976

171 20 Lieder aus dem Burgenland, aus Niederösterreich und Wien

172 20 Lieder aus Kärnten und der Steiermark

173 20 Lieder aus dem Oberösterreich und Salzburg

174 20 Lieder aus Tirol und Vorarlberg. Wien, Pädagogische Verlagsanstalt, 1977

1977

175 20 alte Lieder aus Wien bearbeitet für Soli, Chor und Instrumental-Ensemble

176 Lieder und Weisen zum Weihnachtsfestkreis aus Niederösterreich. Ausgewählt und eingerichtet von W. D. Mödling, Landesverband der Trachten- und Heimatvereine für Niederösterreich 1978

177 18 religiöse Kinderlieder nach Texten von Josephine Hirsch. In: Du guter Gott, wir singen dir. Graz 1979, Styria

178 Zwei religiöse Kinderlieder nach Texten von Wilhelm Willms und W. D. für Kinderchor und Spielgruppe

1978

179 12 Chansons für eine Singstimme und Klavier nach Texten verschiedener Dichter

1979

180 Das alpenländische Liederbuch (192 Lieder Österreich, Bayern und aus der Schweiz). Wien, Kremayr und Scheriau, 1979

181 Mitarbeit am Liederbuch „. . . die Liab ist übergroß“. Weihnacht im Salzburger Volkslied. Im Auftrag des Salzburger Volksliedwerkes hgg. von Cesar Bresgen und Wilhelm Keller, Salzburg, Katzbichler 1979

1980

182 Kreuttaler Kindermesse für Soli, Kinderchor, Spielgruppe und Orgel. Text von Johannes Twaroch

183 Walchener Fantasien. Kleine Klavierstücke für für eine große Frau

184 Musikalische Hausmannskost. Liederbuch mit 123 Liedern und Kanons für die Schloßtaverne Walchen

1982

185 Vier Angloises für Streichtrio bearbeitet. Aus der Bibliothek Schloß Grafenegg

186 Kommt zu uns, hört zu! Neues religiöses Lied für gemischten Chor. Text von C. Schermann, G. E. Ortner, E. Fekete, W. Deutsch

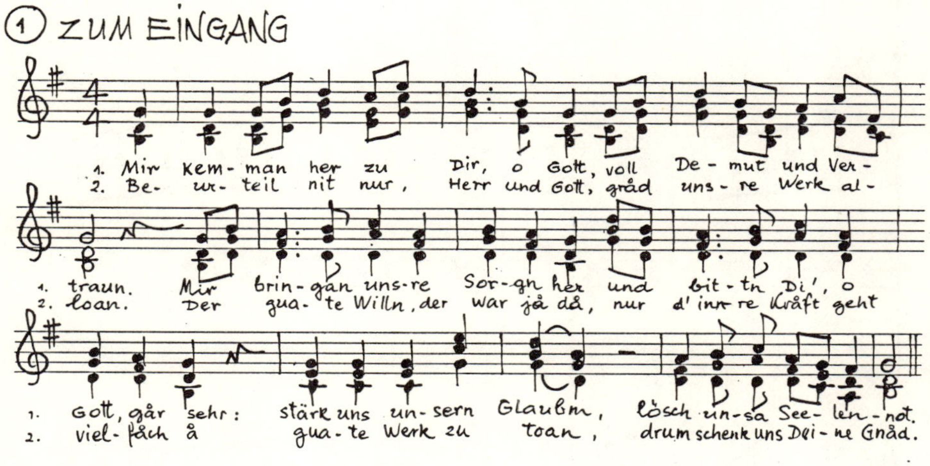

Notenbeispiel 9

Erster Gesang aus der „Mostviertler Messe“ nach Texten von Rudolf Alberer, 1973

Notenbeispiel 10

Aus der Sammlung „Musica alpina“ — Ländler Nummer eins für fünf Bläser, 1979

II. VERZEICHNIS DER VERTONTEN LIEDER

	Liederanfänge bzw. Liedtitel	Textdichter
1	A, B, C, D, E	Walter Deutsch
2	A jeder hat sei Tragl z'tragn	Josef L. Wolf
3	A letter (Slow)	Walter Deutsch
4	Advent	Rudolf Henz
5	Advent in der Stadt	Ingrid Baxa
6	Adventkranz	Josef V. Stummer
7	Alles tanzt, was Beine hat	Walter Deutsch
8	Allweil fidel	Johann Fürst
9	Als du erwachtest	Hans Humer
10	Als Jesus von seiner Mutter ging	Volksgut
11	Am Abend	Linus Kefer
12	Am Ballplatz in der Wienerstadt	Alexander Medis
13	Am Montag fängt die Woche an	Walter Deutsch
14	Am Montag hat's geregnet	Walter Deutsch
15	Am Morgen geht die Sonne auf	Walter Deutsch
16	Am Morgen steigt die Sonne	Ilse und Walter Deutsch
17	An dem Himmelstor	Jens Rohwer und Walter Deutsch
18	Annamirl kocht Brennsuppn	Volksgut
19	An Österreich	Franz Thalhammer
20	Apfelbaum, Löwenzahn und Fliederbusch	Walter Deutsch
21	Auf alle Höhen	Wilhelm Rabe
22	Aufblick	Anton Wildgans
23	Aus da Trift	Lois Schiferl
24	Bärtle — Heinrich	Georg Koller
25	Bei einem Wirte wunderbar	Ludwig Uhland
26	Beim Bibelebäck	Walter Deutsch
27	Beim Kartoffelbauer	Christian Dieffenbach
28	Bin a Tiroler Bua	Karl Schönherr
29	Bist du auch da	Walter Deutsch
30	Bitte um den Heiligen Geist	Josephine Hirsch
31	Blaue Trauben eß' ich gern	Ilse und Walter Deutsch
32	Brich von jenem Baum	Alfons Hoyer
33	Brum, brum, der Frühling geht um	Walter Deutsch
34	Da Baua is mit Pflui	Lois Schiferl

35	Dahoam	Theodor M. Vogel
36	Das Brot mit sanfter Hand	K. H. Bühner
37	Das Morgen-, das Mittagblatt	Walter Deutsch
38	Das ist ein Tag	Hermann Rollett
39	Das Hennlein und der Hase	Walter Deutsch
40	Das Jahr wird langsam alt und müd	Walter Deutsch
41	Das Traumschiff	Marianne Kaindl
42	Daß ich gar so klein bin	Volksgut
43	Dein Name klingt mir wie ein Lied	Rudolf J. Puffler
44	Der alte Baum vor meinem Fenster	Inge Maria Grimm
45	Der April tut was er will!	Walter Deutsch
46	Der dicke Dackel wackelt schwer	Walter Deutsch
47	Der englische Gruß	Josephine Hirsch
48	Der Fassbinder	Georg Koller
49	Der Februar	Marianne Kaindl
50	Dergleichen	anonym
51	Der Hans hat sei Pfeifn verloarn	Anny Kraus
52	Der Heiland ist un heut geborn	Josephine Hirsch
53	Der heilige St. Nikolaus	Walter Deutsch
54	Der Herbst ist da	Walter Deutsch
55	Der Januar ist rau und kalt	Walter Deutsch
56	Der Langsi	Ingrid Baxa
57	Der März	Ilse und Walter Deutsch
58	Der Mai ist auf dem Wege	Wilhelm Müller und Walter Deutsch
59	Der Regenmann	Marga Frank
60	Der Schlafwind wiegt die Vogelnester	Christine Busta
61	Der Schneider macht die Kleider	Volksgut
62	Der Sommer ist ein braver Mann	Volksgut
63	Der Weber webt mein Kleid	Walter Deutsch
64	Der Weg verschneit	H. Menzel
65	Der Winter ist ein kalter Mann	Ilse und Walter Deutsch
66	Der Zinssoldat	Emil Breisach
67	Die alten Sonnen aber werden kreisen	Christine Busta
68	Die Blümlein rot und blau	Erich Kofler
69	Die Enten laufen Schlittschuh	Christian Morgenstern
70	Die Erde war gestorben	Clemens Brentano
71	die Faschingszeit ist da!	Walter Deutsch
72	Die fröhlichsten Stunden im Jahr	Walter Deutsch
73	Die Hänge streift ein goldner Hauch	Josef Weinheber
74	Die Herbstzeitlosen stehen	Otto Lind
75	Die Kunst muß durch das Handwerk gehen	Josef Weinheber
76	Die Mücke	Walter Deutsch
77	Die Nanerl	Philipp Hafner
78	Die neue Geschichte von einem großen alten Herrn	Alexander Medis
79	Die Öbstlerein	anonym
80	Die Saat gedieh	Josef Georg Oberkofler
81	Die Schule öffnet Tor und Tür	Walter Deutsch
82	Die sieben Schwaben	Mario Benko
83	Die Sonne sit gesunken	Erich Colberg

84	Die stillen Stunden	Franz M. Schilder
85	Die Verlassene	„Des Knaben Wunderhor“
86	Die Vögel und die Fische	Walter Deutsch
87	Die Welt	Otto Baxa
88	Die Welt ist schön	Walter Deutsch
89	D' Muatta	Karl Schulhofer
90	Dö Blüemel	Franz Stelzhammer
91	Down by the Sally Gardens	Volksgut
92	Drah di um	Volksgut
93	Drüben auf dem Gartenzaun	Volksgut
94	D's Brennholzlos	Richard Beitl
95	Du bist bei uns	Wilhelm Willms und Walter Deutsch
96	Du lieber Kuckuck	Lotte Denkhaus
97	Du Schworzi, du Saubri	Lois Schiferl
98	Ei, du liebe Winterzeit	Walter Deutsch
99	E, ei, ei, der Sommer ist vorbei	Walter Deutsch
100	Eilet herbei und feiert den Tat	Edith Hetzer
101	Ein Fink, ein Specht, ein Spatz	Walter Deutsch
102	Drüben auf dem Gartenzaun	Volksgut
103	Ein neues Jahr	Walter Deutsch
104	Einsame Christnacht	Wilhelm Szabo
105	Ein Schneemann steht vor meinem Haus	Ilse und Walter Deutsch
106	Ein schöner Tat	Walter Deutsch
107	Ein unmögliches Lied	Walter Deutsch
108	Ein Winterabend	Georg Trakl
109	Es führt ein kleiner Wiesenweg	Rudolf J. Puffler
110	Es geht die Nacht nach Hause	Kurt Heynicke
111	Es geht die Stund zu Ende	Walter Deutsch
112	Es gingen drei Jäger wohl auf die Pirsch	Ludwig Uhland
113	Es hat zur Nacht geschneit	Rudolf Henz
114	Es ist ein gutes Land	Franz Grillparzer
115	Es ist nicht der Müh' wert	Johann Nestroy
116	Es ist nichts reizender	Johann W. Goethe
117	Es keimt die Saat	Rudolf J. Puffler
118	Es laufen viele Wege	Rudolf J. Puffler
119	Es schneit	Walter Deutsch
120	Es singt der Wind	Rudolf J. Puffler
121	Es stand ein Sternlein	Matthias Claudius
122	Es wächst viel Brot in der Winternacht	J. W. Weber
123	Faschingszeit — fröhliche Zeit	Walter Deutsch
124	Fastenlied	Josephine Hirsch
125	Finster ist's in Bethlehem	Josephine Hirsch
126	Fliegt der erste Morgenstrahl	Joseph v. Eichendorff
127	Frau Holle	Rudolf Otto Wiener
128	Freut euch!	Josephine Hirsch
129	Friede und Freud sei euch gegeben	Walter Deutsch
130	Frisch auf, liebe Kinder	Ernst M. Arndt
131	Früh am Morgen	Walter Deutsch

Notenbeispiel 11

Chanson „Kind dieser Zeit“ nach einem Text von Michael Moll, 1980

132	Frühling, komm herbei	Walter Deutsch
133	Frühlingslied	Walter Deutsch
134	Für d'Lest	Lois Schiferl
135	Für jeden, der Geburtstag hat	Walter Deutsch
136	Gang im Schnee	Ernst Stadler
137	Gebet	Hanna Waldbauer
138	Gebet um die sieben Gaben des Heiligen Geistes	Josephine Hirsch
139	Gelber Ball, roter Ball	Walter Deutsch
140	Geliebte Erde	C. M. Eckmair
141	Gfundn	Theodor M. Vogel
142	Gib mir auf Erden, Herr	Christine Busta
143	Goldener Frühlingssonnenschein	Julius Sturm
144	Gott sorgt!	Josephine Hirsch
145	Guota Morga	Ingrid Baxa
146	Gurru, gurru, wir armen Tauben	Walter Deutsch
147	Hallo, die Türen aufgetan	Robert Reinick
148	Haserl, Haserl, Osterbrot!	Walter Deutsch
149	Häst as net, tätst as net	J. L. Wolf
150	Heimgang	Erich Kofler
151	Hengert-Liadli	Richard Beitl
152	Herbstgedanken	Rudolf J. Puffler
153	Herr, schicke was du willst	Eduard Mörike
154	Heut am Morgen fang ich an	Walter Deutsch
155	Heut ist der lust'ge Faschingstag	Walter Deutsch
156	Heut ist schon der dritte Tag	Walter Deutsch
157	Hoffnung ist ein fester Stab	Friedrich Logau
158	Hör, Kindchen, hör es schneit	Walter Deutsch
159	Hostigwusch	Richard Beitl
160	Hühnerlied	Ingrid Baxa
161	Husch, husch	Walter Deutsch
162	I hab a gar ordentlich's Weib	anonym
163	I möcht jo gschiet reda	Ingrid Baxa
164	Ich bin der Wind	anonym
165	Ich bin der Zaubrer Filifux	Walter Deutsch
166	Ich bin die liebe Sonne	Walter Deutsch
167	Ich bin die Nuß	Ingrid Baxa
168	Ich bin ein Musikus	J. D. Hanner
169	Ich bin eine Kugel	Walter Deutsch
170	Ich bin von der Singschar	Walter Deutsch
171	Ich brach drei dürre Reislein	Heinz Grunow
172	Ich heiße Marianne	Walter Deutsch
173	Ich reise übers grüne Land	Joseph v. Eichendorff
174	Ich sah ein Wölklein	Hermann Claudius
175	Ich singe dir ein Lied, Maria	Josephine Hirsch
176	Ich war im Dienst bei einer Frau	anonym
177	Ich wohne in der großen Stadt	Walter Deutsch
178	Ihr lieben Leut kommt heraus	Walter Deutsch

179	Im August hab ich Lust	Ilse und Walter Deutsch
180	Im Brixental, da is halt fein	Dekan v. Brixen/Tirol
181	Im März	Christine Busta
182	Im Fasching	Walter Deutsch
183	Im Feld die Ähren neigen	Rudolf J. Puffler
184	Im Geist der Liebe fang ich an	Franz Kiessling
185	Im Juni	Walter Deutsch
186	Immer ist das Wandern gut	Walter Deutsch
187	Immer ist es der Schweigende	Alfons Petzold
188	Im Sommer	Walter Deutsch
189	Im November	Walter Deutsch
190	Im Winter ist's lustig	Walter Deutsch
191	In den Bäumen	Walter Deutsch
192	Jahr um Jahr	Christine Busta
193	Jesus, dein Freund	Josephine Hirsch
194	Jesus, du rufst mich	Josephine Hirsch
195	Jesus ruft die Kinder	Josephine Hirsch
196	Jetzt fängt die große Reise an	Walter Deutsch
197	Juli, Juli, Jule	Walter Deutsch
198	Junges Tanzpaar	Josef Leitgeb
199	Kehrt öppas Glück bei dir ein	Josef Misson
200	Kindel, du kleines	Hanna Walter
201	Kinder hört	Walter Deutsch
202	Kinder, kommt und sehet	Walter Deutsch
203	Kinderpredigt	„Des Knaben Wunderhorn"
204	Kinder, wir singen	Walter Deutsch
205	Klein bin ich, jung bleib ich	Walter Deutsch
206	Kleine Kerze	Walter Deutsch
207	Komm nur wieder, stille Zeit	Ernst Wiechert
208	Kommt herbei und kauft von uns	Walter Deutsch
209	Kommt, Kinder kommt!	Walter Deutsch
210	Kommt, wir wollen uns begeben	Hoffmann v. Fallersleben
211	Kuchen backen	Walter Deutsch
212	Lachtäubchen	Walter Deutsch
213	Langer Franz, jetzt hol ich dich	W. Bender
214	Laß die Wurzel unsres Handels	Paul Kaestner
215	Laßt uns die Bäume lieben	Albert Steffen
216	Leute, Leute, kommt herbei	Ingrid Baxa
217	Licht in der Winterszeit	Walter Deutsch
218	Lichtlein auf der Wiese	E. Vogel
219	Liebe Mutter, es wird finster	Fr. M. Böhme
220	Lieber, guter Nikolaus	Walter Deutsch
221	Lieber, lieber Osterhase	Walter Deutsch
222	Liedchen vom Wind	Leopold Wech und Walter Deutsch
223	Lied vom Bär in Bethlehem	Walter Deutsch
224	Lied vom Gurkenhandel	Willy Pribil
225	Lied vom Scheiden	Alfred J. Palka
226	Lied von dem Krieg gegen die Türken	anonym

227	Lied zur Hl. Angela	Josephine Hirsch
228	Lire Lare Märzenwind	Walter Deutsch
229	Lobgesang auf unsere Zeit	Rudolf Henz
230	Loblied auf Etschlands Wein	Toni Hölzl
231	Lustig brennt das Feuerlein	Christian Dieffenbach
232	Macht hoch die Tür	Josephine Hirsch
234	Mariederl, Mariederl	Theodor M. Vogel
235	Mehr als die Schätze der ganzen Welt	Walter Deutsch
236	Mei Kindl schlaft so nett	Walter Deutsch
237	Mein Daumen, mein Finger	Walter Deutsch
238	Meine liebe kleine Puppe	Walter Deutsch
239	Meine Mutter sagt	Walter Deutsch
240	Meine Puppe ist krank	Marga Frank
241	Meiner Mutter Hände	Bruno Schönlank
242	Mi Schätzli	Ingrid Baxa
243	Mistkäfer-Lied	Ingrid Baxa
244	Moariederl	Theodor M. Vogel
245	Mütterlieb ist ohne End	altdeutscher Spruch
246	Mond und Sterne stehn am Himmel	Walter Deutsch
247	Musikanten!	Volksgut
248	Nachklang	E. Riedinger
249	Nebelmann und Nebelfrau	Walter Deutsch
250	Nun ist es müd und alt das Jahr	Ingeborg Purner
251	Nun rieseln weiße Flocken	Ernst Stadler
252	Nun springen sie alle	Jakob Kneip
253	Nun will ich stille schlafen gehn	Erich Kofler
254	Nun zieht der Fasching durch das Land	Walter Deutsch
255	O du kühles Schnei'n!	Christine Busta
256	Ofen oder Sonne	Walter Deutsch
257	Oktober ist ein braver Mann	Walter Deutsch
258	Oktober, Oktober	Ingrid Baxa und Walter Deutsch
259	Osterweckruf III.	Josephine Hirsch
260	Pilze suchen	Walter Deutsch
261	Potztausend Sakrament	Walter Deutsch
262	Prinzesschen	Walter Deutsch
263	Quak, quak, so klingt's durch Flur	Ingrid Baxa
264	Rätsellied	Volksgut
265	Regentropfen, Regentropfen	Walter Deutsch
266	Rirarum, der Sommer ist um	Walter Deutsch
267	Rote Äuglein	„Des Knaben Wunderhorn"
268	Sänge meine Sehnsucht	Hanns Humer
269	Schau auf dei Sach!	Josef Misson
270	Schlaf, Kinderl, schlaf!	Lois Schiferl

Notenbeispiel 12

Seite 22 der Partitur zur „Kreuttaler Kindermesse“ nach Texten von Johannes Twaroch, 1980

271	Schlafliedchen	Ingrid Baxa
272	Schneck, Schneck	Volksgut
273	Schön blau ist der Himmel	Walter Deutsch
274	Schön ist d'Welt	Theodor M. Vogel
275	Schöner nicht taucht die Erde	Christine Busta
276	Schwälbchen nennen mich die Kinder	Walter Deutsch
277	's Glück	Walter Deutsch
278	Sie lärmen und sie rennen	Dr. Owlglass (= Hans Erich Blaich)
279	Siebn Kräuter, dö suach ma	Walter Deutsch
280	Singt alle mit	Walter Deutsch
281	Solang die Liebe glühet	Rudolf J. Puffler
282	Spatenlied	Ingrid Baxa
283	Stern und Engel	Otto Bruder
284	Sternenmühle	Christine Busta
285	Stille hält umsponnen	Franz K. Ginzkey
286	Stoppelacker, Stoppelfeld	Karl Ferdinand
287	Stunde-Tag-Monat	Walter Deutsch
288	Stupsi nennt man mich	Walter Deutsch
289	Tanzliedchen	anonym
290	Tiroler Liab	Hans Schneider
291	Tropf, tropf, ich bin der Regenmann	Marga Frank
292	Über alle Maße aber liebte ich die Kunst	Josef Weinheber
293	Über einen Regenbogen	Rudolf J. Puffler
294	Über reifen Ähren	Gustav Falke
295	Unter einem Regenschirm	Walter Deutsch
296	Vergänglichkeit	Otto Baxa
297	Vier mal sechs	Walter Deutsch
298	Vor deinem Bild	Christine Busta
299	Vor dem Einschlafen	Christine Busta
300	Wald- und Wiesenscherzo	Ingrid Baxa
301	Wald- und Wiesenwiegenlied	Ingrid Baxa
302	Wandern	Theodor M. Vogel
303	Warm und mild weht der Wind	Walter Deutsch
304	Was der liebe Gott tut	Christine Busta
305	Was du mir bist?	Betty Paoli
306	Was ich liebe	Christine Busta
307	Was im Stall geschah	Josephine Hirsch
308	Was leise ist und dich hört	Christine Busta
309	Was soll ich denn singen	Volksgut
310	Weihnachtschoral	Max Mell
311	Weißt du, was wir haben müßten?	Walter Deutsch
312	Weit mußt du wandern	Rudolf J. Puffler
313	Weite Wege	Wilhelm Waldstein
314	Wenn alle Tage Sonntag wär'	Walter Deutsch
315	Wenn das Weizenkorn nicht stirbt	Josephine Hirsch
316	Wenn der frische Herbstwind weht	Albert Sixtus

317	Wenn die Mama wüßte	Ingrid Baxa
318	Wenn die Sonne niedergeht	Ruth Schaumann
319	Wenn kleine Leute lustig sind	Walter Deutsch
320	Wer will heute mit uns wandern	Walter Deutsch
321	Wie geht es im Lande der Riesen	Volksgut
322	Wieder ist ein Licht erglommen	Rudolf Hägni
323	Wiegenlied I	Hermine Cziep
324	Wiegenlied II	Hermine Cziep
325	Wiegenlied einer alten, frommen Magd	anonym
326	Wie selig ist der Ehestand	Ludwig Bleibtreu
327	Willkommen liebes, neues Jahr	Walter Deutsch
328	Winterlied	Christine Busta
329	Wir haben alle Tag Feiertag	Richard Billinger
330	Wir grüßen unsre Fahne	Anny Jencek
331	Wir harren, Christ	Heinrich Rüegg
332	Wir heiligen drei Könige	Walter Deutsch
333	Wir kommen mit der Eisenbahn	Walter Deutsch
334	Wir sind die Autofahrer	Walter Deutsch
335	Wir sind die drei König	Volksgut
336	Wir sind die Wolken	Walter Deutsch
337	Wir tanzen um den Tisch herum	Ingrid Baxa und Walter Deutsch
338	Wir tragen das Feuer in das Haus	Walter Deutsch
339	Wir wollen alle fröhlich sein	Walter Deutsch
340	Wir wollen jetzt tanzen	Walter Deutsch
341	Wir Zwitscherlinge	Walter Deutsch
342	Wirf den Ball her zu mir	Walter Deutsch
343	Wo der Wein wachst	J. L. Wolf
344	Wo holt sich die Erde	Christine Busta
345	Wullele, Waudele	Anny Kraus
346	Zu was müssen auf einem Ball	Johann Nestroy
347	Zum Erntedank	Walter Deutsch
348	Zum Muttertag I	Walter Deutsch
349	Zum Muttertag II	Walter Deutsch
350	Zwar bin ich Häuptling	Walter Deutsch
351	Zwei Äpfel	Marga Frank
352	Zwei Blümlein rosenrot	Friedrich Neubauer
353	Zwischen Jericho und Jerusalem	Josephine Hirsch
354	Zur Faschingszeit	Walter Deutsch

III. SCHRIFTEN

Selbständige Publikationen — wissenschaftliche Beiträge — Mitteilungen, Berichte, Rezensionen, Herausgebertätigkeit.

1958

1. Erfahrungen bei der Anlage eines Melodien-Registers I. In: JÖVLW 7, 1958, S. 52—61 (mit 33 Notenbeispielen).
2. R: Anton Katschthaler, Frisch auf! Singt's mit. Innsbruck, Edition Helbling 1957. In: JÖVLW 7, 1958, S. 115.

1959

3. Volkslied und Geniemusik. Ein Beitrag zur Darstellung ihrer Beziehungen im Werke Joseph Haydns. In: JÖVLW 8, 1959, S. 1—9 (mit 11 Notenbeispielen).

1960

4. „Volkstümliche" Wirkungen in der Musik Joseph Haydns. In: ME 14, 1960/61, S. 88—92 (mit 6 Notenbeispielen).

1961

5. Erfahrungen bei der Anlage eines Melodien-Registers II. In: JÖVLW 10, 1961, S. 55—64 (mit 18 Notenbeispielen).
6. R: Österreichische Volks- und Jagdmusik. 4 Platten: 1. Hochzeitsmusik, 2. Tänze der Arbeit zu Ehren, 3. Tanz- und Almweisen, 4. Jagd- und Jägerweisen. Ausführende: Volksmusikgruppe des Wiener Landfunks, beziehungsweise das Waldhornoktett der Lainzer Jagdmusik/Wien. (Amadeo AVRS EP 15539—42). In: JÖVLW 10, 1961, S. 159—160.

1962

7. Die Lieder des Gotthard Andexer aus Großarl. In: JÖVLW 11, 1962, S. 140—149 (mit 6 Notenbeispielen).
8. Zur Deutung des alpenländischen Volksliedes I. In: ME 15, 1961/62, H. 4, S. 183—188 (mit 4 Notenbeispielen).
9. Zur Deutung des alpenländischen Volksliedes II. In: ME 16, 1962/63, H. 1, S. 37—38 (mit 2 Notenbeispielen).
10. Das österreichische Volksliedwerk. In: ME 16, 1962/63, H. 2, S. 94.

11. R: Gruß aus Kitzbühel. Ausführende: Toni Praxmair, Kitzbühler Nationalsänger, Stadtmusik Kitzbühel (Amadeo AVRS EP 15529). In: JÖVLW 11, 1962, S. 226—227.

12. R: Volksmusik aus Österreichs Alpen. Ausführende: Volksmusikgruppen aus Kitzbühel; Leitung: Toni Praxmair, Fritz Neumayr und Andreas Kraus (Amadeo AVRS 8049). In: Ebd., S. 227.

13. R: Gruß aus Österreich II. Ausführende: Unter anderem L. Höllwarth, I. und R. Meixner, Jodlertrio Türk, die Grubbauerbuam, Grinzinger Schrammeln (Amadeo AVRS 6245). In: Ebd., S. 227—228.

14. R: Liederbücher von Walther Hensel: Wach auf. Festliche Weisen in alten und neuen Tonsätzen vom Turm zu blasen; Bärenreiter-Ausgabe 470, Kassel 1962. Der singende Quell, Lieder für Fahrt und Herberg; Bärenreiter-Ausgabe 50, Kassel 1962. In: ME 16, 9/1962, H. 1, S. 50.

1963

15. Das Melodien-Register der österreichischen Volksliedarchive. In: ÖMZ 18, 1963, H. 2, S. 89—94 (mit 10 Notenbeispielen). Sonderheft, S. 41—46.

16. Das alpenländische Volkslied. Ein Beitrag zur Bestimmung seines Begriffes und seines Wesens. In: Ebd., S. 49—55. Sonderheft, S. 1—7.

17. Zur Deutung des alpenländischen Volksliedes III. Der musikalische Hintergrund. In: ME 17, 1963/64, H. 2, S. 70—77 (mit 12 Notenbeispielen).

18. Das „neue" Wienerlied seit 1945. Eine musikalische Betrachtung. In: JÖVLW 12, 1963, S. 17—28 (mit 6 Notenbeispielen).

19. Tanzform und Tanzweise. Musikalische Untersuchung über die Beziehung der Tanzbewegung zur musikalischen Gestaltung in den Volkstänzen der Alpenländer. In: ÖMZ 18, 1963, S. 518—525 (mit 8 Notenbeispielen).

20. R: Deutsche Volkslieder. Eine Dokumentation des deutschen Musikrates. Teil I, Alte Lieder aus mündlicher Überlieferung. Herausgegeben vom Deutschen Volksliedarchiv und dem Institut für ostdeutsche Volkskunde. Geleitwort von Walter Wiora. Deutsche Grammophon-Gesellschaft, Hamburg, Möseler 1962. In: JÖVLW 12, 1963, S. 134—136.

1964

21. Weihnacht im österreichischen Volkslied. In: ÖMZ 19, 1964, H. 12, S. 557—568 (mit 9 Notenbeispielen und Abbildungen). Sonderdruck in: „Der Fremdenführer", Dezember 1964, 8 S.

22. R: Anton Anderluh, Kärntens Volksliedschatz. I. Band, Liebeslieder; 2. Teil. Klagenfurt: Verlag des Landesmuseums für Kärnten 1963. In: JÖVLW 13, 1964, S. 162—164.

23. R: Wolfgang Suppan, Melodiestrukturen im deutschsprachigen Brauchtumslied. (In: Deutsches Jahrbuch für Volkskunde, Band 10, Teil 2, Berlin 1964, S. 254—279.) In: JÖVLW 14, 1965, S. 177—179.

24. R: Biedermeier-Tanzweisen aus Eisenstadt, ausgewählt von Karl Magnus Klier; dreistimmig für Blockflöten und andere Instrumente eingerichtet von Walter Unger. Celle, Moeck 1964 (Zeitschrift für Spielmusik H. 303). In: Ebd., S. 181.

25. R: Robert Schollum, Unsere Heimat, Klaviersätze nach österr. Volks-, Krippen- und Wiegenliedern. Wien, Doblinger 1948. In: Ebd., S 181.

26. R: Robert Schollum, Sieben Intermezzi über alpenländische Volksweisen für Orchester. Partitur. Wien, Doblinger 1964. In: Ebd., S. 181.

27. R: Volkstümliche Raffele-Schule (Urzither). Spezialwerk von Peter Paul Hornof. Innsbruck, Selbstverlag 1963. In: Ebd., S. 184.

28. R: Jaroslav Markl, Ćeská dudácká hudba. Partitury Ludvika Kuby (Die tschechische Dudelsackmusik. Die Partituren Ludvik Kubas). Prag, Orbis 1962. In: Ebd., S. 186—187.

29. R: Ungarische Volksliedtypen, 2 Bände, herausgegeben von Pál Járdányi. Budapest: Verlag der Ungarischen Akademie der Wissenschaften, 1964. In: Ebd., S. 187.

30. R: Das Österreichische Volkslied. Wiener Männergesangsverein unter der Leitung von Norbert Balatsch (Amadeo AVRS 9144). In: Ebd., S. 188.

31. R: Volkslied und Volksmusik in der Tschechoslowakei. Klangaufnahmen aus der „Anthologie authentischer Musikfolklore“ zusammengestellt und mit einem Geleitwort versehen von Dr. Jaroslav Markl (Supraphon SUG 12458/6/), Prag 1963. In: Ebd., S. 189.

1965

32. Weihnachtliches Singen in Oberösterreich. In: ÖMZ 20, 1965, S. 621—628 (mit 7 Notenbeispielen und Abbildungen). Sonderdruck (gekürzt) in: „Der Fremdenverkehr“, 4 S. (mit 5 Notenbeispielen und Abbildungen).

33. Das Volkslied in der Musikerziehung. In: ME 19, 1965/66, S. 3—5.

34. Ein „wienerischer Tändelmarkt“ von 1803 und seine Vorbilder im Wien des XVII. und XVIII. Jahrhunderts. In: JÖVLW 14, 1965, S. 30—48 (mit 20 Notenbeispielen).

35. Typus und Gestaltwandel. Eine vergleichende Studie über das Volkslied in Niederösterreich und das tschechische Volkslied in Böhmen. In: ÖMZ 20, 1965, S. 522—528 (mit 5 Notenbeispielen und Abbildungen).

36. Gemeinsam mit Eberhard Würzl: Unsere Kinderlieder und ihre Gesetze I — Die Rufe als Keim des Kinderliedes. In: Unsere Kinder 20, Linz 1965, H. 6, S. 10—14 (mit 14 Notenbeispielen).

37. Die Volksliedforschung in Österreich seit 1945. In: Österreichischer Musikrat, Wien 1965, Nr. 2, S. 13—16.

38. Informationstagung über die Expositur in Oberschützen. In: ME 19, September 1965, H. 1, S. 32.

39. Die erste Sitzung der Studiengruppe für die Ordnungsprinzipien von Volksweisen in Bratislava. In: ÖMZ 20, 1965, S. 546—547.

40. Die 17. Jahreskonferenz des Internationalen Volksmusikrates (IFMC) — Bericht. In: JÖVLW 14, 1965, S. 156—157. Und in: Neue Volksbildung 16, Wien 1965, H. 1, S. 22—25.

41. Zum 1. Seminar für Volksliedforschung in Wien — Ankündigung. In: ÖMZ 20, 1965, H. 10, S. 543. Und in: ME 19, 1965, H.1, S. 41.

42. R: Walther Hensel, Auf den Spuren des Volksliedes. Kleine Volksliedkunde. 2., durchgesehene Auflage. Kassel, Bärenreiter 1964. In: ME 18, 5/1965, H. 5, S. 240.

43. R: Richard Rudolf Klein, Willkommen, lieber Tag. Alte und neue Kinderlieder für die ersten beiden Schuljahre. Frankfurt, Moritz Diesterweg 1964. In: ME 19, 9/1965, H. 1, S. 42—43.

44. R: Instrumentale Volksmusik aus Böhmen, Mähren und der Slowakei (Supraphon SUA 12497), 1963. In: Ebd., S. 189—190.

45. R: Ungarische Volksmusik. Herausgegeben von der Ungarischen Akademie der Wissenschaften (LPX 1187 a, b, MMX 1795), Budapest 1964. In: Ebd., S. 190.

1966

46. Vom geistlichen Liedgut in Großarl im Pongau. In: JÖVLW 15, 1966, S. 15—31 (mit 13 Notenbeispielen).

47. Die Volksmusik und die „Bischofshofner Amsel“. In: ME 19, 1965/66, H. 3., S. 133—134.

48. „Bischofshofner-Amsel 1965“ (Simon-Geigen-Musi) mit Aufzeichnung des „Amsel-Steirers“. In: JÖVLW 15, 1966, S. 155.

49. Volksmusik und Volksmusikinstrumente in Österreich. In: ÖMZ 21, 1966, H. 9, S. 435—444 (mit 11 Notenbeispielen).

50. Zur Erforschung volksmusikalischer Elemente in der Musik der Wiener Klassik. In: Jahresbericht, Studienjahre 1955/56—1964/65 der Akademie für Musik und darstellende Kunst in Wien, 1966, S. 360—364 (mit 11 Notenbeispielen).

51. Zur Pflege der volkstümlichen Wiener Musik. In: ÖMZ 21, 1966, H. 9, S. 474—481 (mit 6 Notenbeispielen und Abbildungen).

52. gemeinsam mit Eberhard Würzl: Unsere Kinderlieder und ihre Gesetze II—III. In: Unsere Kinder 21, Linz 1966, H. 1, S. 22—25 (mit 13 Notenbeispielen); H. 2, S. 23—27 (mit 10 Notenbeispielen).

53. Zwei geistliche Volkslieder. In: SMZ 9, 1966, S. 91—92.

54. Zur Problematik der Volkslied- und Volksmusikpflege in Österreich. Bericht zu einer Tagung, veranstaltet von der Akademie für Musik und darstellende Kunst in Graz 1965. In: JÖVLW 15, 1966, S. 152—153.

55. 1. Seminar für Volksliedforschung an der Akademie für Musik und darstellende Kunst in Wien. In: ÖZV XX/69, 1966, S. 133—134. Und in: JÖVLW 15, 1966, S. 147—152. Und in: ME 19, 1965/66, H. 3, S. 128—129.

56. Zum Volksmusikantentreffen in Traunstein. In: ME 19, 1965/66, H. 5, S. 230.

57. 2. Seminar für Volksliedforschung. Einführung mit Programm. In: ME 20, 1966/67, H. 1, S. 8—10.

58. Volksmusik und Volksmusikforschung. Ankündigung zum 2. Seminar für Volksliedforschung 1966 in Wien. In: ÖMZ 21, 1966, H. 9, S. 433.

59. R: Jaćkar, hrvatske narodne jaćke iz Gradisća (Kroatische Volkslieder aus dem Burgenland), zusammengestellt von Martin Mersić. In: JÖVLW 15, 1966, S. 170.

60. R: Gerhard Möbius, Musik aus dem Tetrachord. Köln, Möbius 1963. In: Ebd., S. 172.

61. R: Österreichische Volkslieder, bearbeitet von Franz Biebl. CARMINA, Chorblattreihe Nr. 25, 29, 33. Wien, U. E. 1965. In: Ebd., S. 175—176.

62. R: Volker W. Derschmidt, Unsere Tanzmusik, gesetzt für kleine Blasmusik, 1. und 2. Folge. Landsberg am Lech, Hohler o. J. In: Ebd., S. 176.

63. R: Die Siebenbürger Sachsen in Lied und Wort (Amadeo AVRS 1043). In: Ebd., S. 184.

64. R: Alpenländische Weihnacht, aufgenommen in der Wieskirche (Odeon 060625/OLA 1041), Köln, Electrola GmbH. In: Ebd., S. 185.

65. R: Bauernmesse nach Weisen aus den bayrisch-österreichischen Alpen, aufgenommen in der Wieskirche (Odeon 060626/OLA 1042). In: Ebd., S. 185.

66. R: Sepp Karl, Alpenländische Weisen für Gitarre, Heft 1 und 2. München, Preißler 1965. In: ME 19, 5/1966, H. 5, S. 236.

67. R: Edelrauten und Stoanröserln, Steirerlieder, gesammelt von Viktor Jabornik, herausgegeben von Wolfgang Suppan. Wien, Krenn 1967. In: Ebd., S. 236.

1967

68. Zur Situation des geistlichen Volksgesanges in Österreich. In: Singende Kirche 15, Wien 1967, S. 14—16.

69. Vom geistlichen Volkslied in Österreich. In: ME 21, 1967/68, H. 1, S. 15—21 (mit 7 Notenbeispielen).

70. Volkslied und Familie. In: Volkslieder aus Niederösterreich. Wien: Niederösterreichisches Bildungs- und Heimatwerk, 1967, S. 5—21 (mit 18 Notenbeispielen, hektographiert).

71. Die Schriften von Karl Magnus Klier. In: ME 20, 1966/67, H. 3, S. 129.

72. Volksmusik auf Schallplatten. In: ÖMZ 22, 1967, H. 9, S. 569.

73. Zweite Sitzung der Studiengruppe des IFMC für die Ordnung und Systematisierung von Volksweisen (Study Group of Folk Music Systematisation). In: JÖVLW 16, 1967, S. 102—104.

74. Bericht über das 2. Seminar für Volsliedforschung an der Akademie für Musik und darstellende Kunst in Wien. In: JÖVLW 16, 1967, S. 101—102.

75. Zum 2. Seminar für Volksliedforschung in Wien. In: ME 20, 1966/67, H. 3, S. 133—134.

76. Das geistliche Volkslied — Ankündigung zum 3. Seminar für Volksliedforschung in Wien. In: ÖMZ 22, 1967, H. 9, S. 521.

77. In memoriam Karl Magnus Klier. In: SMZ 10, 1967, S. 6—7 (mit 1 Abbildung).

78. Begleitkommentar zur Langspielplatte „Almerisch — Juchzer, Rufe, Jodler, Lieder und Tanzweisen aus dem Ausseerland/Steiermark, gesammelt von Hans Gielge". Herausgegeben vom Institut für Volksmusikforschung Wien — ÖPH 10006.

79. R: Doris Stockmann — Wilfried Fiedler — Erich Stockmann, Albanische Volksmusik I. Gesänge der Çamen. Berlin: Akademie-Verlag 1965, 8 Nummern, 302 S. In: JÖVLW 16, 1967, S. 130.

80. R: Grundfragen des bläserischen Musizierens der Jugend in unserer Zeit. Herausgegeben von Reinhold Stapelberg und Wolfgang Suppan. Trossingen/Freiburg i. Br., Vervielfältigung 1966, 4 Nummern, 89 S. In: Ebd., S. 131.

81. R: Balladen aus mündlicher Überlieferung. Authentische Tonaufnahmen 1953—1963 von Johannes Künzig und Waltraut Werner. Volkskunde-Tonarchiv Freiburg, Schallplatte 8. In: Ebd., S. 133—134.

82. R: Bairisches Bilder- und Notenbuch/Hausmusi bei Wastl Fanderl — 2. Folge (Ariola 74453 IU), Gütersloh o. J. Eurodisc. In: Ebd., S. 134.

83. R: Joseph Lefftz, Das Volkslied im Elsaß. Erster Band: Erzählende und geschichtliche Lieder. Colmar, Edition Alsatia 1966. In: ME 20, 1967, H. 4, S. 186.

84. R: Wolfgang Suppan, Volkslied. Seine Sammlung und Erforschung. Stuttgart 1966. In: Ebd., S. 187.

1968

85. Das Lied im Leben des niederösterreichischen Volkes. In: Universum, Monatszeitschrift für Natur, Technik und Wirtschaft, 23. Jahrgang, Wien 1968, H. 12, S. 499—500.

86. Zur Volksliedpflege in der Gegenwart. In: Unser Wegweiser, Zeitschrift des LTHNÖ, Jahrgang 8, Mödling 1968, S. 1—3.

87. Der Gesang unserer Kinder. In: SMZ 11, 1968, S. 134—137 (mit 6 Notenbeispielen).

88. Die Melodien zum Polsterltanz. In: Volkskunde und Volkskultur. Festschrift für Richard Wolfram. Wien, Schendl 1968, S. 45—49 (mit 10 Notenbeispielen).

89. Die Tontechnik und die österreichische Volksmusikforschung. In: ÖMZ 23, 1968, S. 155—158 (mit 1 Abbildung).

90. Gemeinsam mit Gerlinde Hofer: Bericht über das 3. Seminar für Volksliedforschung 1967. In: JÖVLW 17, 1968, S. 75—77. In: Der fröhliche Kreis 18/19, Wien 1967/68, S. 20—22.

91. Lied und Volksmusik in Wien — Ankündigung zum 4. Seminar für Volksliedforschung 1968 in Wien. In: ÖMZ 23, 1968, H. 9, S. 457.

92. R: Volksmusik und Volkslieder aus dem Musikverlag Josef Preißler, München. In: JÖVLW 17, 1968, S. 99.

93. R: Salzburger Tanzweisen, 1. und 2. Folge. Ausführende: Tobi Reiser-Quintett, Salzburger Geigenmusik und Salzburger Gitarren Dreispiel (Christophorus SCGLP 75871, 75884). In: Ebd., S. 103—104.

94. R: Salzburger Volksmusik im Jahreskreis. Ausführende: Landa-Chor und Tobi Reiser-Quintett (Christophorus SCGLP 75873). In: Ebd., S. 104.

95. R: Locklatar och musik pa horn och pipa. Ancient swedish pastoral music. (Lockrufe und Musik für Horn und Pfeifen. Alte schwedische Hirtenmusik.) Sveriges Radio förlag (RELP 5017), herausgegeben von Matts Arnberg. In: Ebd., S. 104.

1969

96. Werden und Wirken der österreichischen Volksmusikforschung. In: ÖMZ 24, 1969, S. 499—510.

97. Lehrer und Volksliedsammlung vor 150 Jahren. In: ME 23, 1969/70, H. 1, S. 9—13 (mit 1 Notenbeispiel und 1 Abbildung).

98. Zur Volksliedpflege in der Gegenwart. In: Unser Wegweiser. Zeitschrift des LTHNÖ, Jahrgang 9, Sondernummer, Mödling 1969.

99. Volkslied und Männerchor. In: Mitteilungen des Wiener Schubertbundes. 105. Vereinsjahr, Wien Mai 1969, S. 2—4. Und in: Auslands-Konzertreise 1969 des Männerchores „Koschatbund“, Klagenfurt 1969.

100. Aus Klavierheften Münchner Musikliebhaber des 18. und 19. Jahrhunderts. In. SMZ 12, 6/1969, S. 141—144 (mit 6 Notenbeispielen).

101. Die Puchegger Spielleut. In: SMZ 12, 1969, S. 113—115 (mit 1 Notenbeispiel und 1 Abbildung).

102. Gemeinsam mit Gerlinde Hofer: Die Volksmusiksammlung der Gesellschaft der Musikfreunde in Wien (Sonnleithner-Sammlung) 1. Teil. Wien, Schendl 1969, 186 S. (mit Abbildungen). (= Schriften zur Volksmusik, Band 2).

103. Gemeinsam mit Gerlinde Hofer: Jahrbuch des Österreichischen Volksliedwerkes. Register zu den Bänden 1—15, 1952—1966. Wien, Selbstverlag des Bundesministeriums für Unterricht (ÖVLW) 1969, 277 S. (mit Melodienregister).

104. Gemeinsam mit Gerlinde Hofer: Bericht über das 4. Seminar für Volksliedforschung 1968 an der Akademie für Musik und darstellende Kunst in Wien. In: JÖVLW 18, 1969, S. 100—102.

105. 150 Jahre Volksmusikforschung in Österreich. Ankündigung zum 5. Seminar für Volksmusikforschung 1969. In: ÖMZ 24, 1969, H. 9, S. 497.

106. Begleitkommentar zur Langspielplatte „Bauernhochzeit in Niederösterreich (Bucklige Welt) gesammelt von Franz Schunko“. Herausgegeben vom Institut für Volksmusikforschung Wien — ÖPH 10012.

107. R: Beiträge zur österreichischen Volksliedkunde. Veröffentlichung des Instituts für Musikfolklore und des Archivs für das Steirische Musikschulwerk an der Akademie für Musik und darstellende Kunst in Graz 1967, Band I. In: ME 23, 1969/70, H. 1, S. 46.

Notenbeispiel 13

Zweite Seite zum neuen Adventlied „Wir zünden an den hellen Schein ...“, 1979

1970

108. Das Kärntnerlied. In: ÖMZ 25, 1970, H. 9, S. 526—533 (mit 12 Notenbeispielen und 1 Abbildung).

109. Lied und Gesang in Kärnten. In: ME 24, 1970/71, H. 1, S. 19—22 (mit 2 Notenbeispielen).

110. Entgegnung zu „Ist das Volkslied heute tot?“, herausgegeben von Dieter Zimmerschied, Mainz o. J., unveröffentlicht.

111. Bemerkungen zu den Liedmelodien der „Trauer Lieder“. Totenwacht und Totenwachtsingen in Vorarlberg von Klaus Beitl. In: JÖVLW 19, 1970, S. 20—74 (mit 10 Notenbeispielen).

112. Bericht über die 4. Arbeitstagung der Studiengruppe für die Ordnung und Systematisierung von Volksweisen des IFMC in Stockholm. In: Ebd., S. 159—161.

113. Gemeinsam mit Gerlinde Hofer: Bericht über das 5. Seminar für Volksmusikforschung 1969. In: Ebd., S. 153—159.

114. Kärnten und seine Nachbarn — Ankündigung zum 6. Seminar für Volksmusikforschung 1970. In: ÖMZ 25, 1970, H. 9, S. 514.

115. Begleitheft zum Plattenalbum „Das Werk der Brüder Schrammel“ mit dem Klassischen Wiener Schrammelquartett. ÖPH 10015—17.

1971

116. Weihnachtliches Singen in Oberösterreich. In: SMZ 14, 1971, S. 166—175 (mit 5 Notenbeispielen).

117. Zur Volksmusik im Burgenland. Nach den Aufzeichnungen von Anton Reiterits. In: ÖMZ 26, 1971, H. 9, S. 489—497 (mit 9 Notenbeispielen).

118. Prolegomena in der Einladung zum 1. Seminar für Europäische Musikethnologie — Die Geige in der europäischen Volksmusik, S. 7—16 (mit 5 Notenbeispielen und 5 Abbildungen).

119. Gemeinsam mit Gerlinde Hofer: Bericht über das 6. Seminar für Volksmusikforschung in Millstatt 1970. In: JÖVLW 20, 1971, S. 97—99.

120. Burgenland und seine Nachbarn — Ankündigung zum 7. Seminar für Volksmusikforschung 1971 in Eisenstadt. In: ÖMZ 26, 1971, H. 9, S. 474.

121. Begleitkommentar zur Langspielplatte „Schene Liada, harbe Tanz“, herausgegeben von der Zentralsparkasse der Gemeinde Wien. Paltram Z 897800.

1972

122. Das alte und das neue Kärntnerlied — ein musikalischer Vergleich. In: Volkslied, Volksmusik, Volkstanz. Kärnten und seine Nachbarn. Beiträge zur Volksmusikforschung. Seminar für Volksmusikforschung, Millstatt 1971. Klagenfurt, Verlag des Landesmuseums für Kärnten 1971, S. 85—92 (mit 6 Notenbeispielen).

123. Gemeinsam mit Franz Koschier: Volkslied, Volksmusik, Volkstanz. Kärnten und seine Nachbarn. Beiträge zur Volksmusikforschung in Kärnten. Seminar für Volksmusikforschung Millstatt 1971. Klagenfurt, Verlag des Landesmuseums für Kärnten 1972, 192 S. (mit Notenbeispielen).

124. Gemeinsam mit Helga Thiel: Engelbert Schaumberger oder die Überlieferungsmacht der Volksmusik. In: ÖMZ 27, 1972, S. 463—472 (mit 13 Notenbeispielen und 1 Abbildung).

125. Volksmusikforschung in Österreich. In: SMZ 15, 1972, S. 58—61 (mit 3 Abbildungen).

126. Volksmusik als Teil der Volkskunde. Leopold Schmidt — Werk und Wirken. In: ÖMZ 27, 1972, S. 483—485 (mit 1 Abbildung).

127. Die Volksmusik in Österreich. Information an den Bundespressedienst, Wien 1972.

128. Gemeinsam mit Gerlinde Haid-Hofer: Bericht über das 1. Seminar für europäische Musikethnologie, St. Pölten 1971. In: JÖVLW 21, 1972, S. 115—118.

129. Gemeinsam mit Gerlinde Haid-Hofer: Bericht über das 7. Seminar für Volksmusikforschung in Eisenstadt 1971. In: Ebd., S. 118—121.

130. Ankündigung zum 8. Seminar für Volksmusikforschung in St. Pölten 1972. In: ÖMZ 27, 1972, H. 9, S. 457.

131. Das Arbeitskollegium berichtet... In: Mitteilungsblätter der Abteilung Musikpädagogik, 1. Jahrgang, H. 2, H. 3.

132. Entwurf einer Fächerzuordnung zur Ausbildung des Musikerziehers; Manuskript.

1973

133. Bericht des Institutes für Volksmusikforschung an der Hochschule für Musik und darstellende Kunst in Wien — Forschung und Lehre des Instituts. In: Forschung an Österreichs Musikhochschulen, Wien 1973, S. 139—141.

134. Musikalische Kleinformen im österreichischen Volksliedgut. In: Analyse und Klassifikation von Volksmelodien. Bericht über die 3. Arbeitstagung der Study Group of Folk Music Systematization beim IFMC 1967 in Radziejowice. Herausgegeben von Doris Stockmann und Jan Steszewski, Krakow 1973, S. 101—108 (mit 18 Notenbeispielen).

135. Stand der Volksmusik in Österreich. In: Heutige Probleme der Volksmusik. Bericht über ein internationales Seminar der Deutschen UNESCO-Kommission in Hindelang/Allgäu 1971. München-Pullach 1973, S. 99—110 (mit 6 Notenbeispielen) (= Seminarberichte der Deutschen UNESCO-Kommission 19).

136. Der Bordun in der europäischen Volksmusik. Ein Überblick. Unterlagen zum 2. Seminar für europäische Musikethnologie in St. Pölten 1973, 37 S. (vervielfältigt).

137. Bericht über das 2. Seminar für europäische Musikethnologie. In: JÖVLW 22, 1973, S. 54—61.

138. Gemeinsam mit Helga Thiel: Bericht über das 8. Seminar für Volksmusikforschung in St. Pölten 1972. In: Ebd., S. 51—54.

139. Ankündigung zum 9. Seminar für Volksmusikforschung in Schloß Seggau/Leibnitz 1973. In: ÖMZ 28, 1973, H. 9, S. 369.

140. Laudatio anläßlich des 25jährigen Bestehens der Wiener Singgemeinschaft. In: Festschrift, Wien, o. J.

141. Das Arbeitskollegium berichtet... In: Mitteilungsblätter der Abteilung Musikpädagogik, 2. Jahrgang, H. 1, H. 2.

142. Begleitkommentar zur Langspielplatte „Volksmuik aus Tirol“ — gesammelt von Karl Horak. ÖPH 10029.

1974

143. Einiges über den Bordun in der europäischen Volksmusik. In: SMZ 17, 1974, S. 3—10 (mit 6 Notenbeispielen und Abbildungen).

144. Gemeinsam mit Klaus Gund: Theresia Rainer und das überlieferte Lied im oberösterreichischen Salzkammergut. In: ÖMZ 29, 1974, H. 10, S. 475—482 (mit 41 Notenbeispielen).

145. Materialien zu „Wissenschaftliche Aspekte der Sammelarbeit“. Strobl 1974, 21 Blätter (hektographiert).

146. Bericht über die 5. Sitzung der Studiengruppe für die Systematisierung von Volksweisen in Bled/Jugoslawien (Slowenien) 1971. Wien: International Folkmusic Council/Institut für Volksmusikforschung/Österreichischer Rundfunk, 1974, 62 S. (hektographiert).

147. Bericht über das Forschungsseminar „Zur musikalischen Volksüberlieferung im Weinviertel“ in Großrußbach 1974. In: JÖVLW, 1974, S. 63—67.

148. Bericht über das 9. Seminar für Volksmusikforschung (im Rahmen des „Steirischen Herbstes“ 1973) „Die musikalische Volkskultur der Steiermark“ 1973. In: JÖVLW 23, 1974, S. 56—63.

149. Zum 10. Seminar für Volksmusikforschung. Rückblick und Ausblick. Einladung zum 10. Seminar für Volksmusikforschung — Die musikalische Volkskultur in Oberösterreich, 1974, 9 S. (vervielfältigt).

150. Die musikalische Volkskultur in Oberösterreich — Ankündigung zum 10. Seminar für Volksmusikforschung in Schloß Puchberg/Wels 1974. In: ÖMZ 29, 1974, H. 10, S. 461.

151. Nachruf auf Tobi Reiser d. Ä., 1906—1974. In: Der fröhliche Kreis 24, Graz 1974, S. 131.

152. Die Persönlichkeit in der Volksmusik. In: Tobi Reiser — Ein Leben für die Volksmusik 1907—1974, Salzburg 1974, S. 22.

1975

153. Geige und Geigenmusik in Europa. Einige Probleme ihrer Erforschung. In: Die Geige in der europäischen Volksmusik. Wien, Schendl 1975, S. 10—15.

154. Dokumente zur überlieferten Musik im Lande Salzburg. In: ÖMZ 30, 1975, H. 9, S. 454—474 (mit 25 Notenbeispielen und 2 Abbildungen).

155. Volksmusik in Leben und Pflege — Volksmusik in Sammlung und Forschung. In: Von Österreichs Musikkultur-Zeugnissen aus Vergangenheit und Gegenwart. Katalog der Musiksammlung der Österreichischen Nationalbibliothek zur Sonderausstellung, Wien 1975, S. 21—24.

156. Der Jodler in Österreich. In: Handbuch des Volksliedes, Band 2. Herausgegeben von Rolf Wilhelm Brednich, Lutz Röhrich, Wolfgang Suppan. München, Fink 1975, S. 647-668 (mit 24 Notenbeispielen).

157. „An die Muttergottes in der Alm“ — Ein Lied aus der „Sonnleithner-Sammlung“ der Gesellschaft der Musikfreunde in Wien. In: SMZ 18, 5/75, S. 122—123 (mit 1 Notenbeispiel).

158. Der Volksliedsammler Otto Eberhard. Zur hundertsten Wiederkehr seines Geburtstages. In: SMZ 18, 1975, S. 126—130 (mit 2 Abbildungen).

159. Das überlieferte Lied und die Singpraxis im Lungau. In: Lungau Report 1975. Ein volkskundlicher Forschungsbericht. Herausgegeben von Walter Deutsch, Salzburg: Landesstudio Salzburg des ORF/Hochschule für Musik und darstellende Kunst in Wien — Institut für Volksmusikforschung, 1975, S. 14—32 (mit 23 Notenbeispielen).

160. Liebeslieder und Hochzeitsmusik aus Österreich. Tonband und Beiheft zur europäischen Ausstellung „Liebe und Heirat — Aspekte des Volkslebens in Europa“. Musee de la Vie Wallonne, Lüttich, 6 S.

161. Gemeinsam mit Franz Eibner, Gerlinde Haid und Helga Thiel: Entwurf zur Definition und Abgrenzung des Begriffes Volksmusik. In: Der fröhliche Kreis 25, Graz 1975, S. 45—49.

162. Gemeinsam mit Gerlinde Haid: Die Geige in der europäischen Volksmusik. Bericht über das 1. Seminar für europäische Musikethnologie in St. Pölten 1971. Wien, Schendl 1975. 202 S. (mit 64 Abbildungen, 69 Notenbeispielen). (= Schriften zur Volksmusik, Band 3).

163. Lungau-Report. Ein volksmusikalischer Forschungsbericht. Herausgegeben von Walter Deutsch, Salzburg: Landesstudio des ORF/Hochschule für Musik und darstellende Kunst in Wien — Institut für Volksmusikforschung 1975, 213 S. (mit Notenbeispielen und Abbildungen, hektographiert).

164. Zur musikalischen Volkskultur im Lande Salzburg — Ankündigung zum 11. Seminar für Volksmusikforschung in Henndorf bei Salzburg 1975. In: ÖMZ 30, 1975, H. 9, S. 449.

165. Bemerkungen zu Franz Schmidt's „Tullnerbacher Blasmusik“. In: Franz Schmidt, Tullnerbacher Blasmusik, herausgegeben von Rudolf Scholz. Wien, Doblinger 1975.

1976

166. Die Volksmusik des Bezirkes Scheibbs. Die tradierten musikalischen Formen. Brauchgebundene Anwendung. Sing- und Spielpraxis. Mit Beiträgen von Helmut Huber und Ulrike Landkammer. Scheibbs, Radinger 1976, 241 S. (mit Notenbeispielen und Abbildungen) (= Heimatkunde des Bezirkes Scheibbs II).

167. „Juhe, ich bin ein Biedermann...“ Bemerkungen zu den Aufzeichnungen aus Tirol in der Sonnleithner-Sammlung 1819. In: Das Fenster Nr. 19, Innsbruck, Winter 1976/77, S. 1934—1939 (mit 8 Notenbeispielen).

168. Schnodahüpfl und ländliche Walzer. Zur überlieferten Musik aus dem Zillertal im 19. Jahrhundert. In: Tiroler Heimatblätter 51, Innsbruck 1976, S. 95—99 (mit 8 Notenbeispielen).

169. Gemeinsam mit Helga Thiel: Zur volksmusikalischen Situation des Marktes Hohenruppersdorf im niederösterreichischen Weinviertel. In: JVLF 21/1976, Berlin 1976, S. 126—141 (mit 14 Notenbeispielen).

170. Konrad Mautners Lebensbild. In: SMZ 19, 1976, S. 4—6 (mit 1 Notenbeispiel und 1 Abbildung).

171. Konrad Mautners Aufzeichnungen in Garmisch-Partenkirchen 1915. In: Ebd., S. 7—15 (mit 7 Notenbeispielen und Abbildungen).

172. Aria Styriaca. Zur Typologie der alpenländischen Musik. In: Mitteilungen des Steirischen Tonkünstlerbundes 68, Graz 1976, S. 3—12.

173. Gemeinsam mit Helga Thiel: Betrachtungen zur Situation der Volksmusik in Niederösterreich. In: Die musikalische Volkskultur in Niederösterreich. Vorträge des 8. Seminars für Volksmusikforschung in St. Pölten 1972. Institut für Volkskunde der Universität Wien, 1976, S. 237—272.

174. Anton Anderluh, Kärntens Volksliedschatz. Bearbeitung des Registerbandes. Klagenfurt, Selbstverlag des Landesmuseums für Kärnten, 1976, 179 S. (mit 24 Notenbeispielen).

175. Geburtstagskalendarium — Josef Preißler (70 Jahre). In: ÖMZ 31. 1976, H. 9, S. 425.

176. Der Ländler — Aspekte einer Tanzform/1975. Bericht über das Forschungsseminar des ÖVLW. In: JÖVLW 25, 1976, S. 126—129.

177. Gemeinsam mit Gerlinde Haid: Bericht über das 11. Seminar für Volksmusikforschung in Salzburg/Henndorf 1975. In: Ebd., S. 138—144.

178. Ankündigung zum 12. Seminar für Volksmusikforschung. In: ÖMZ 31, 1976, H. 9, S. 401.

179. R: Die Harzer Jodlerkunst. Jodlerweisen und Jodlerrufe aus dem Harz. Herausgegeben von Louis Wille und Hellmut Ludwig. Wolfenbüttel, Möseler 1973, 64 S. (mit 37 Notenbeispielen). In: JVLF 21, 1976, S. 202—203.

1977

180. „Ach, mein Seel, fang an zu singen..." Bemerkungen zum gegenwärtigen Adventsingen. In: SMZ 20, 1977, S. 263—272 (mit 8 Notenbeispielen und Abbildungen).

181. „Bonaparte de la Marche". Musikalische Nachweise zu den Anfängen der Blasmusik in Vorarlberg. In: ÖMZ 32, 1977, H. 9, S. 383—395 (mit 12 Notenbeispielen).

182. Gemeinsam mit Herbert Schwendinger: Zur Situation des Volksgesanges in Vorarlberg am Beispiel des Liederbuches der Maria Anna Matt in Mellau. In: Montfort, Vierteljahresschrift für Geschichte und Gegenwart Vorarlbergs, 29. Jahrgang, 1977, S. 91—111 (mit 7 Notenbeispielen und 2 Abbildungen).

183. Gemeinsam mit Gerlinde Haid und Helga Thiel: Fragebogen für Musikanten. Wien: ÖVLW, 1977 (vervielfältigt).

184. Bericht über das 12. Seminar für Volksmusikforschung in Innsbruck 1976. In: JÖVLW 26, 1977, S. 126—130.

185. Ankündigung zum 13. Seminar für Volksmusikforschung. In: ÖMZ 32, 1977, H 9, S. 369.

186. R: Vorträge Graz und Seggau 1973—1977, Band 1 der Musikethnologischen Sammelbände. Herausgegeben von Wolfgang Suppan, Institut für Musikethnologie an der Hochschule für Musik und darstellende Kunst in Graz. Graz, Akademische Druck- und Verlagsanstalt 1977, 148 S. (mit 84 Notenbeispielen). In: JÖVLW 26, 1977, S. 159—160.

1978

187. Zur gegenwärtigen Lage der Volksmusik in Österreich. In: ÖMZ 33, 1978, S. 640—644 (mit 1 Abbildung).

188. Gemeinsam mit Manfred Schneider herausgegeben: Beiträge zur Volksmusik in Tirol. Festschrift für Walter Salmen. Innsbruck 1978, 204 S. (mit Abbildungen und Notenbeispielen).

189. Zusammenfassender Bericht über die kulturelle Situation in Kremsmünster/OÖ., mit besonderer Berücksichtigung der Musik. Erstellt im IVMF, Mai 1978, 47 S. (vervielfältigt).

190. Gemeinsam mit Sepp Gmasz: Bericht über das 13. Seminar für Volksmusikforschung „Die musikalische Volkskultur in Vorarlberg mit Berücksichtigung benachbarter Gebiete" 1977 in Batschnuns. In: JÖVLW 27, 1978, S. 139—141.

191. Schrammelmusik. In: Das große österreichische Weinlexikon. Herausgegeben von György Sebestyén. Wien 1978, S. 196.

192. Trinklied. In: Ebd., S. 236.

193. Weinlied. In: Ebd., S. 268.

194. R: Schwarz/Seidel/Geister, Lieder aus Österreich. Graz, Leykam 1976. In: ME 31, 1977/78, S. 285.

195. R. Südtiroler Volkslieder, Band III, gesammelt und herausgegeben von Alfred Quellmalz. Kassel, Bärenreiter 1976. In: Ebd., S. 285.

1979

196. „O Josef, schau, schau, durt geht der Wau wau...“- Ein nicht ganz einfacher Versuch, sich Klarheit über das Dreikönigsliedgut zu verschaffen. In: SMZ 22, 1979, S. 341—357 (mit 7 Notenbeispielen).

197. Gemeinsam mit Sepp Gmasz/Maria Theresia Schimpfößl-Anger, Dokumente und Literatur zur Volksmusik in Salzburg. In: Die Volksmusik im Lande Salzburg. Wien: Verlag A. Schendl, 1979, S. 17—53 (mit 12 Notenbeispielen).

198. Gemeinsam mit Sepp Gmasz: Feldforschung in Österreich. Ein biobibliographischer Entwurf. Wien: IVMF, 1979, 110 S.

199. Musikalische Bemerkungen zu Georg Koteks Instrumentensammlung. Sonderausstellung Volksmusikinstrumente, Wien: ÖMVK, 1979, S. 28—37.

200. Gemeinsam mit Gerlinde Haid, Sepp Gmasz und Ernst Spirk: Volksmusikinstrumente der Sammlung Georg Kotek. Sonderausstellung Volksmusikinstrumente, Wien: ÖMVK, 1979, S. 39—54.

201. Gemeinsam mit Harald Dengg: Die Volksmusik im Lande Salzburg. 11. Seminar für Volksmusikforschung 1975. Wien, Schendl 1979, 255 S. (mit Notenbeispielen und Abbildungen). (= Schriften zur Volksmusik, Band 4).

202. Zusammenfassender Bericht über die kulturelle Situation in Kremsmünster/OÖ, mit besonderer Berücksichtigung der Musik. Zweite Fassung. Erstellt im IVMF, Wien, Selbstverlag, 1979, 48 S.

1980

203. Folkmusic in Austria. Lexikalischer Artikel. In: The new Grove Dictionary of Music and Musicians, London, Macmillan 1980, Band 1, S. 736—740 (mit 29 Notenbeispielen).

204. Die Volksmusik in Niederösterreich I. In: Der Niederösterreicher. Herausgegeben vom LTHNÖ, Mödling 1980, 1. Jahrgang, H. 2, S. 76f.

205. Nachrufe auf: Karl Vetterl, Richard Bammer, Anton Reiterits. In: JÖVLW 29, 1980, S. 151.

206. R. László Vikár-Gábor Bereczki, Chuvash folksongs. Budapest: Akadémiai Kaidó, 1979, 579 S. (mit 350 Musikbeispielen und 55 Photographien). In: JÖVLW 29, 1980, S. 162.

207. R: Werner Danckert, Symbol, Metapher, Allegorie im Lied der Völker. Aus dem Nachlaß herausgegeben von Hannelore Vogel (In: Orpheus-Schriftreihe zu Grundfragen der Musik, herausgegeben von Martin Vogel). Bonn-Bad Godesberg, Verlag für systematische Musikwissenschaft GmbH., 1976—1978, 4 Teile, 1584 S. In: Ebd., S. 164—165.

208. R: Lieder, Land und Leute — Musi, Tanz und Gesang in den bayerisch-österreichischen Bergen. Herausgegeben von Wilfried Feldhütter. München, Süddeutscher Verlag 1980. In: Ebd., S. 167.

209. R: Max Haager, Die instrumentale Volksmusik im Salzkammergut. Band 3 der Musikethnologischen Sammelbände, herausgegeben von Wolfgang Suppan, Institut für Musikethnologie an der Hochschule für Musik und darstellende Kunst in Graz. Graz 1979, 136 S. In: Ebd., S. 168.

210. Begleitkommentar zur Langspielplatte „Fein sein, beinander bleiben — Volksmusik aus Österreich, vorgestellt von W. D.“ Herausgegeben vom ORF-Landesstudio Niederösterreich. PAN 120347.

1981

211. Gestern war's... Teil 1: Weihnachtslieder. Bemerkungen zu den Liedern und zur Musik bei Kleinbauern am Obdacher Sattel in der Steiermark. In: SMZ 24, 6/1981, S. 391—402 (mit 7 Notenbeispielen und Abbildungen).

212. Bemerkungen zu den Melodien der Lieder und zur angewandten Singpraxis beim Totenbrauchtum. In: Helmut Huber, Gebet- und Liedgut um Tod und Begräbnis aus Niederösterreich. Wien, VWGÖ 1981, I—XXXIII (mit 14 Notenbeispielen).

213. Katalog zur Ausstellung „Volksmusik in Österreich“. Die traditionellen Formen im 20. Jahrhundert. Wien: IVMF, 1981, 79 S.

214. Die Volksmusik in Niederösterreich. Die überlieferten Musikformen in der Gegenwart. St. Pölten, Niederösterreichisches Pressehaus 1981, 46 S. (mit 40 Notenbeispielen).

215. Die Volksmusik in Niederösterreich II—V. In: Der Niederösterreicher. Herausgegeben vom LTHNÖ, Mödling 1981, 2. Jahrgang, H. 1, S. 10—12; H. 2, S. 86—88; H. 3, S. 167f; H. 4, S. 242—246.

216. Bericht des Institutes für Volksmusikforschung an der Hochschule für Musik und darstellende Kunst in Wien über Wissenschaftliche Arbeiten und Forschungsprojekte im Zeitraum 1979/80 und 1980/81. In: JÖVLW 30, 1981, S. 98.

217. Der Bordun in der europäischen Volksmusik. Bericht über das 2. Seminar für europäische Musikethnologie in St. Pölten 1973. Wien, Schendl 1981, 215 S. (mit 91 Notenbeispielen und 71 Abbildungen). (= Schriften zur Volksmusik, Band 5).

218. R: Studia instrumentorum musicae popularis VII., herausgegeben von Erich Stockmann; Musikhistoriska museets skrifter 9. Stockholm 1981, 179 S. (mit 41 Notenbeispielen, 37 Abbildungen und 6 Sonagrammen). In: JÖVLW 30, 1981, S. 114.

219. R: Liederbücher:
1. Deutsche Lieder, Texte und Melodien, ausgewählt und eingeleitet von Ernst Klusen. Insel Verlag Frankfurt am Main 1980, 873 S.
2. Alpenländische Lieder und Jodler für Kinder und Mütter und alle, die gern mit Kindern singen. Herausgegeben von Landa Ruprecht. Druck Horst Medianer, Salzburg 1980, 52 S., illustriert.
3. Kurt Muthspiel, Alpenländische Volkslieder. 184 alpenländische Lieder aus Österreich, Bayern und Südtirol für gemischten Chor und andere Besetzungen. Verlag Styria Graz 1980, 169 S.
4. Rudolf Schwarz — Emil Seidel, Steirische Volkslieder. 290 Lieder und 45 Jodler aus der Steiermark in Sätzen für drei Stimmen. Herausgegeben von der Arbeitsgemeinschaft der Musikerzieher Österreichs und dem Steirischen Volksliedwerk. Verlag Leykam Graz 1981, 240 S., illustriert.
5. Vorarlberger Liederbuch, herausgegeben vom Vorarlberger Volksliederwerk mit Unterstützung der Vorarlberger Landesregierung. Redaktion: Hans Lutz. Verlag Eugen Russ Bregenz 1981, 299 S.
In: Ebd., S. 122—123.

220. R: Die Steirischen Tanzgeiger. Volksmusik aus alten und neuen Musikantenhandschriften, LP (BSCHOAD 46—11), Produktion Evelyn Sperker, mit einem Beiblatt von Dr. Gerlinde Haid. Wien o. J. In: Ebd., S. 130.

221. R: Othmar K. M. Zaubek, Blasmusik im Bezirk Zwettl. Zwettl, Leutgeb 1980. In: Zwettler Kurier, Jänner 1981.

1982

222. Das Große Niederösterreichische Blasmusikbuch. Wien, Brandstätter 1982, 431 S. (mit 215 Abbildungen und Notenbeispielen).

223. Raimund Zoder im Salzkammergut. Bio-bibliographische Notizen nach Unterlagen von Elisabeth Zoder aus dem „Volkstanzarchiv Raimund Zoder". In: Beiträge zur Volksmusik in Oberösterreich. Herausgegeben von Walter Deutsch unter Mitarbeit von Gerlinde Haid und Arnold Blöchl. Wien, Schendl 1982, S. 175—193 (mit 10 Notenbeispielen und 4 Abbildungen).

224. Beiträge zur Volksmusik in Oberösterreich. Herausgegeben von Walter Deutsch unter Mitarbeit von Gerlinde Haid und Arnold Blöchl. Wien, Schendl 1982, 240 S. (mit 61 Notenbeispielen, 31 Abbildungen und 6 Karten). (= Schriften zur Volksmusik, Band 6).

225. Gestern war's... Teil 2: Scherzlieder, Jodler und die Musik. Bemerkungen zu den Liedern und zur Musik bei Kleinbauern am Obdacher Sattel in der Steiermark. In: SMZ 25, 1/82, S. 23—37 (mit 11 Notenbeispielen und Abbildungen).

226. Gestern war's... Teil 3: Geistliches Liedgut. Bemerkungen zu den Liedern und zur Musik bei Kleinbauern am Obdacher Sattel in der Steiermark. In: Ebd., 5/82, 308—322.

227. Die Volksmusik in Niederösterreich VI. In: Der Niederösterreicher. Herausgegeben vom LTHNÖ, Mödling 1982, H. 3/4, S. 204—208.

228. Cyprian Händler oder Das obersteirische Musikantentum. In: JÖLVW 31, 1982, S. 29—48 (mit 10 Notenbeispielen).

229. Leopold Schmidt und die Volksliedforschung. In: Ebd., S. 122—123.

230. Jahresbericht 1980/81 des Instituts für Volksmusikforschung an der Hochschule für Musik und darstellende Kunst in Wien. In: Ebd., S. 117—118.

231. Begleitkommentar zum Doppelalbum „Blasmusik aus Niederösterreich". Herausgegeben vom ORF-Landesstudio Niederösterreich. FALPA 120596/97.

IV. FELDFORSCHUNG

Erhebungen zur Situation der Volksmusik

Abkürzungen:

B	=	**Burgenland**
N	=	**Niederösterreich**
O	=	**Oberösterreich**
S	=	**Salzburg**
St	=	**Steiermark**
T	=	**Tirol**

1958 Obdacher Sattel (St)

1961 Großarltal (S)

1965 Piringsdorf (B)
Langau (N)

1966 St. Michael am Bruckbach (N)
Breitenbrunn (B)

1967 Großschweinbarth (N)

1968 Hohenruppersdorf (N)
St. Georgen am Reith (N)
Grinzing/Wien

1969 Wollmannsberg-Haselbach (N)

1970 Kottingneusiedl (N)
Dörfl (B)
Walterschlag (N)

1971 Oberpiesting (N)
Pielachtal (N)
Trübenbach (N)
Schrems-Fladnitz (St)

1972 Eichberg/Gloggnitz (N)
Parndorf (B)
Kirchberg am Wechsel (N)
Falkenstein (N)
Dörfl (B)

1973 Rastbach (N)
St. Leonhard am Hornerwald (N)
Yspertal (N)
Gaming (N)
Dörfl (B)
Sonntagberg (N)

1974 Konradsheim (N)
Apetlon (B)
Kemeten (B)

1975 Lungau (S)
Erlauftal (N)

1976 Wiesmath (N)
Lunz am See (N)

1977 Unterangerberg (T)

1978 Arbesthal (N)
Kremsmünster (O)

1979 Waldzell (O)

1980 Obdacher Sattel (St)

1981 Ybbsitz (N)

1982 Obertraun (O)

V. VORTRÄGE (in Auswahl)

1963

Volkslied und Musikerziehung. Antrittsvorlesung anläßlich der Bestellung als Lehrbeauftragter für „Musikalische Volkskunde“ an der Akademie für Musik und darstellende Kunst in Wien.

1964

Wir und die Volksmusik. Akademie für Musik und darstellende Kunst in Wien.

1965

Zum Tag der Hausmusik. Akademie für Musik und darstellende Kunst in Wien.

1966

Typen und Gestalten im brauchtümlichen Lied. Bayerische Singwoche in Klobenstein 1966.

1966/1967

Hernals und die Schrammeln. Vortragsreihe im Bildungshaus von Hernals — gemeinsam mit dem „Klassischen Wiener Schrammelquartett“.

1967

Frühe Belege alpenländischer Volksmusik in der Tonkunst. Schloß Tollet, Oberösterreich.

Musik in Hernals. Wiener Festwochen 1967, Hernalser Heimatmuseum.

Volksmusik und Volksmusikinstrumente in den Alpenländern. 1. Bayerisches Seminar für Volksmusikforschung, München.

1968

Das Institut für Volksmusikforschung und seine Aufgaben. Verein für Volkskunde, Wien.

Volkslied und Volksmusik — Wesen und Bedeutung. Wiener Katholische Akademie.

Volksmusik und Volksmusikpflege. Volkskulturwochen des LTHNÖ im Bundesheim Raach/Gloggnitz.

Festvortrag anläßlich der 20-Jahr-Feier der Wiener Singgemeinschaft in Perchtoldsdorf.

1969

Volkslied und Volksmusik in unserer Zeit. Wiener Katholische Akademie.

Lied und Musik im Leben des Volkes. Seminar „Kulturkunde — Musikpflege" im Bundesheim Krieglach.

Strukturwandel im Volksgesang. Akademische Arbeitsgemeinschaft für Volkskunde, Universität Wien.

Volksmusik — Gestern — Heute. Seminar für Funktionäre des LTHNÖ im Bundesheim Raach/Gloggnitz.

1970

Volksmusik in Lehre und Forschung. Österreichische Gesellschaft für Musik, Wien.

ORF — Volksmusik und Volksgesang in Niederösterreich. Die Medien und die musikalische Überlieferung. Funktionärstagung des LTHNÖ in Großrußbach.

1971

Stand der Volksmusik in Österreich. Seminar der Deutschen UNESCO-Kommission über „Heutige Probleme der Volksmusik" in Hindelang, Allgäu.

Die musikalische Überlieferung in Niederösterreich. Volkskulturwochen 1971 in Lilienfeld.

Urtümliches und Seltenes in der volkstümlichen Wienermusik. Volkshochschule Wien-Nord.

Volksmusik als Hausmusik. Zum „Tag der Hausmusik" an der Hochschule für Musik und darstellende Kunst in Wien.

Volksmusik heute — aber wie? 6. Kärntner Landesvolkstumstag im Rahmen der Villacher Kirchtagswoche 1971.

Sinnvolle und zeitgemäße Volkslied- und Volksmusikpflege. 5. Salzburger Brauchtumswoche in Oberalm bei Salzburg.

1972

Überlieferung und Pflege des Volksliedes und der Volksmusik im Burgenland. Volksbildungswerk für das Burgenland/Werktagung Volkskultur, Eisenstadt.

1973

Der Industriearbeiter Niederösterreichs und die überlieferte Musik. Arbeitsgemeinschaft für Volkskunde in Niederösterreich, Krems.

1974

10 Jahre Klassisches Wiener Schrammelquartett. Festvortrag im Marmorsaal des Palais Schwarzenberg.

Wissenschaftliche Aspekte der Sammelarbeit. Tagung des ÖVLW in Strobl, Oberösterreich.

Zur Frage des geistlichen Volksliedes. Hochschule für Musik und darstellende Kunst in Wien.

1975

Zur Typologie der Ländlerweisen. Seminar „Der Ländler — Aspekte einer Tanzform“ in Strobl, Oberösterreich.

1976

Die Straßenrufe in den Wiener Theaterliedern. Arbeitstagung des ÖVLW in Strobl/Oberösterreich zum Thema „Volksmusik und Schauspiel“.

Das österreichische Volkslied in seinen Stilen und Gattungen. „Musikfabrik im Schloß — Sommerkurs für instrumentales und vokales Ensemblemusizieren“, Schloß Rosenau, Waldviertel.

Volkslied und Volksmusik im Rahmen des Musikunterrichts der Pflichtschule. Bezirkslehrerarbeitstagung in Waidhofen/Taya.

1977

Das österreichische Volkslied in seinen Stilen und Gattungen. Chorleiterlehrgang 1977, Eisenstadt.

Volksmusik im Rundfunk. Volksmusikalische Fachtagung und Volksmusikantentag in Zipf, Oberösterreich.

Volkslied und Chorgesang. Veranstaltung des Sängerbundes für Wien und Niederösterreich in Krems.

Die Situation der volksmusikalischen Überlieferung im Ötscherland. Volkskundetagung 1977 in Lackenhof/Ötscher.

Zur Situation der Volksmusik in der Gegenwart. 7. Mitarbeiter-Seminar des Steirischen Trachtenverbandes in Retzhof bei Leibnitz.

Volkslied und Chorgesang — Funktionelles und Konzertantes in der gegenwärtigen Singpraxis. Seminar „Das burgenländische Volkslied in Forschung und Pflege“ in Eisenstadt.

1978

mit Reingard Witzmann: Zur Geschichte der Musik und Choreographie des Wiener Walzers. Ausstellung „Fasching in Wien“ im Historischen Museum der Stadt Wien.

100 Jahre Schrammelmusik. Marmorsaal des Palais Schwarzenberg.

Wandlungen der Volksmusik in den Landschaften Österreichs. Institut für Wissenschaft und Kunst, Wien.

1979

Die Geige in der österreichischen Volksmusik. Geigentag 1979 in Deutschfeistritz, Steiermark.

1980

Die Zither in der Volksmusik. VAMÖ-Zitherseminar 1980 in Großrußbach, Niederösterreich.

1981

Die Musikinstrumente des Österreichischen Museums für Völkerkunde und das Projekt ihrer Katalogisierung.

15. Österreichischer Historikertag. Salzburg.

1982

Einige Dokumente zur volksmusikalischen Umwelt des jungen Haydn. Internationaler Joseph Haydn-Kongreß, Wien.

VI. VERANSTALTUNGEN (in Auswahl)

Zitiert werden Ereignisse, an denen Walter Deutsch sowohl geistig als auch organisatorisch wesentlich beteiligt war.

1965

Das Volkslied in Österreich. 1. Seminar für Volksliedforschung in Wien.

1966

Volksmusik und Volksmusikforschung. 2. Seminar für Volksliedforschung in Wien.

2. Sitzung der Studiengruppe des IFMC für die Ordnung von Volksweisen. Veranstaltet von IVMF und IFMC.

1967

Das geistliche Volkslied. 3. Seminar für Volksliedforschung in Wien.

Volkslied, Volksmusik und Volksinstrumente in den Alpenländern. 1. Bayerisches Seminar für Volksmusikforschung in München.

1968

Lied und Volksmusik in Wien. 4. Seminar für Volksliedforschung in Wien.

1. Niederösterreichisches Sänger- und Musikantentreffen in Markt Piesting (mit: ORF Landesstudio NÖ, LTHNÖ).

1969

150 Jahre Volksmusikforschung in Österreich. 5. Seminar für Volksmusikforschung in Wien.

2. Niederösterreichisches Sänger- und Musikantentreffen in Altenmarkt/Yspertal (mit: ORF Landesstudio NÖ, LTHNÖ).

3. Niederösterreichisches Sänger- und Musikantentreffen in Wimpassing/Schwarzatal (mit: ORF Landesstudio NÖ, LTHNÖ).

1970

Kärnten und seine Nachbarn. 6. Seminar für Volksmusikforschung in Millstatt (mit: Dr. Franz Koschier).

4. Niederösterreichisches Sänger- und Musikantentreffen in Purgstall (mit: ORF Landesstudio NÖ, LTHNÖ).

5. Niederösterreichisches Sänger- und Musikantentreffen in Puchberg (mit: ORF Landesstudio NÖ, LTHNÖ).

1. Niederösterreichisches Weihnachtssingen in Ybbs/Donau (mit: ORF Landesstudio NÖ, LTHNÖ).

1971

Burgenland und seine Nachbarn. 7. Seminar für Volksmusikforschung in Eisenstadt.

6. Niederösterreichisches Sänger- und Musikantentreffen in Ybbsitz (mit: ORF Landesstudio NÖ, LTHNÖ).

7. Niederösterreichisches Sänger- und Musikantentreffen in Zwettl (mit: ORF Landesstudio NÖ, LTHNÖ).

2. Niederösterreichisches Weihnachtssingen in Puchberg am Schneeberg (mit: ORF Landesstudio NÖ, LTHNÖ).

Niederösterreich in Wort, Tanz, Gesang und Musik. Veranstaltung anläßlich der Eröffnung der St. Pöltener Kultur- und Festwochen (mit: ORF Landesstudio NÖ, LTHNÖ).

1972

Die musikalische Volkskultur in Niederösterreich. 8. Seminar für Volksmusikforschung in St. Pölten.

Großes österreichisches Sänger- und Musikantentreffen in Ybbs/Donau (mit: ORF Landesstudio NÖ, LTHNÖ).

3. Niederösterreichisches Weihnachtssingen in Emmersdorf/Wachau (mit: ORF Landesstudio NÖ, LTHNÖ).

Alte Weisen, schöne Tänze. Veranstaltung anläßlich der Hietzinger Festwochen.

Niederösterreich in Wort, Tanz, Gesang und Musik. Veranstaltung in Wr. Neustadt (mit: ORF Landesstudio NÖ, LTHNÖ).

1973

Die musikalische Volkskultur der Steiermark. 9. Seminar für Volksmusikforschung in Schloß Seggau/Leibnitz (mit: Dr. Wolfgang Suppan).

8. Niederösterreisches Sänger- und Musikantentreffen in Ternitz (mit: ORF Landesstudio NÖ, LTHNÖ).

4. Niederösterreichisches Weihnachtssingen in Maria Schutz/Semmering (mit: ORF Landesstudio NÖ, LTHNÖ).

A Musi und a Gsang in Steinakirchen (mit: ORF Landesstudio NÖ).

1974

Die musikalische Volkskultur in Oberösterreich. 10. Seminar für Volksmusikforschung in Schloß Puchberg/Wels (mit: Arnold Blöchl).

Zur musikalischen Volksüberlieferung im Weinviertel. Forschungsseminar in Großrußbach.

Lieder und Tänze aus Österreich. Veranstaltung in Piesting (mit: ORF Landesstudio NÖ, LTHNÖ).

5. Niederösterreichisches Weihnachtssingen in Mödling (mit: ORF Landesstudio NÖ, LTHNÖ).

Durch die Wachau — Wort, Tanz, Gesang und Musik. Veranstaltung anläßlich der Hauptversammlung des LTHNÖ in Krems.

1975

Zur musikalischen Volkskultur im Lande Salzburg. 11. Seminar für Volksmusikforschung in Henndorf bei Salzburg (mit: Harald Dengg).

9. Niederösterreichisches Sänger- und Musikantentreffen in Kirchschlag (mit: ORF Landesstudio NÖ, LTHNÖ).

1976

Zur musikalischen Volkskultur in Tirol. 12. Seminar für Volksmusikforschung in Innsbruck (mit: Dr. Norbert Wallner).

1. Grafenegger Advent (mit: ORF-Landesstudio NÖ, Schloßverwaltung Grafenegg).

1977

Die musikalische Volkskultur in Vorarlberg mit Berücksichtigung benachbarter Gebiete. 13. Seminar für Volksmusikforschung in Batschuns/Rankweil (mit: Dr. Erich Schneider).

2. Grafenegger Advent (mit: ORF Landesstudio NÖ, Schloßverwaltung Grafenegg).

1978

Lieder und Tänze aus Österreich. Wir kommen daher auf'n Abend spat... Lieder im Jahreslauf. Veranstaltung im Stift Göttweig (mit dem „Konzertring Göttweig").

3. Grafenegger Advent (mit: ORF Landesstudio NÖ, Schloßverwaltung Grafenegg).

Leitung eines Arbeitskreises über Volksmusik im Rahmen des Forum Alpbach 1978.

Musi und Gsang aus dem Schneeberggebiet (mit ORF Landesstudio NÖ, LTHNÖ).

1979

Lieder und Tänze aus Österreich. Seltene Standeslieder und Tanzweisen. Veranstaltung im Stift Göttweig (mit dem „Konzertring Göttweig").

Göttweiger Adventsingen in der Stiftskirche Göttweig.

4. Grafenegger Advent (mit: ORF Landesstudio NÖ, Schloßverwaltung Grafenegg).

Sing mit. Leitung von drei Veranstaltungen im „Wien International".

1980

Lieder und Tänze aus Österreich. Brauchtumslieder. Veranstaltung im Stift Göttweig (mit dem „Konzertring Göttweig").

5. Grafenegger Advent (mit: ORF Landesstudio NÖ, Schloßverwaltung Grafenegg).

Liebeslieder aus Österreich. Veranstaltung im Rahmen der Kammermusiktage 1980 auf Schloß Eckartsau (mit: Arnold Schönberg-Chor).

1981

6. Grafenegger Advent (mit: ORF Landesstudio NÖ, Schloßverwaltung Grafenegg).

1982

Lieder und Tänze aus Österreich. Vom Essen und Trinken. Veranstaltung im Stift Göttweig (mit dem „Konzertring Göttweig").

7. Grafenegger Advent (mit: ORF Landesstudio NÖ, Schloßverwaltung Grafenegg).

VII. MEDIENBEITRÄGE (in Auswahl)

Zitiert werden nur gestaltete Sendungen des ORF — Hörfunk und Fernsehen, denen ein Manuskript zugrunde liegt.

1952 — 1964

Musikalische Betreuung verschiedenster Sendungen für den Bereich „Heimatfunk" und „Kinderfunk" (gemeinsam mit der Wiener Singgemeinschaft — Gretl Strümer).

1967

Mitarbeit am Dokumentarfilm „Pfeifertag im Salzkammergut". Regie: Jörn Thiel.

Mitarbeit am Dokumentarfilm „Harfentag in Tirol". Regie: Jörn Thiel.

Hainfelder Schuljugend musiziert. Ein Bericht.

Gloria. Musik im Glanz der Weihnacht.

1967 — 1969

Wienerlied — Wiener Leben. Ein musikalisches Spiegelbild aller Lebensspuren, die der Wiener seit Jahrhunderten seinem Liede einprägt (gemeinsam mit Wilhelm Hufnagl).

1968

Mitarbeit am Dokumentarfilm „Bergmannslied und Knappentanz". Regie: Jörn Thiel.

Mitarbeit am Dokumentarfilm „Der ewige Fiedler" (Die Geige in der österreichischen Volksmusik). Regie: Jörn Thiel.

Jodler und Jodlerlied in Österreich.

Nun sind wir kommen an. Bericht einer Wallfahrt.

Einführung der Sendereihe „Alte Musik — Alte Instrumente" (gemeinsam mit Gerhard Cramer).

Wien bleibt Wien. Zur Geschichte der Wiener Musik (gemeinsam mit Wilhelm Hufnagl).

Das volksmusikalische Bild von Hohenruppersdorf im Weinviertel.

1969

Der hohe Frauentag und die Seitlpfeifer. Zur Geschichte eines jungen Brauches im Salzkammergut.

Ein neues Lied wir heben an. Burgenland im Spiegel seiner Volksmusik.

Breitenbrunn — Das volksmusikalische Bild eines burgenländischen Dorfes.

Zur Geschichte der Volkstanzpflege in Wien.

Vom Scheitholz zur Zither. Die Geschichte eines Saiteninstrumentes.

„Der Weltkrieg hat erfunden“. Lied und Musik im Leben der Soldaten.

Sancte Leopolde — ora pro nobis. Musik zum niederösterreichischen Landespatron.

Kleines Faschingsmedaillon — Vom Hans Wurst zu Hans Moser.

1969 — 1972

Sendereihe: Leben und Werk der Brüder Schrammel (gemeinsam mit dem „Klassischen Wiener Schrammelquartett“).

Sendereihe: Für Freunde der Hausmusik.

Sendereihe: Volksmusik bei uns und anderswo.

1969 — 1978

Sendereihe: A Musi und a Gsang. Lieder und Tänze aus Niederösterreich.

1969—1982

Sendereihe: Ein Lied zur rechten Zeit (gemeinsam mit Fritz Ebner).

1970 —

Einführung der Sendereihe „Is wo a Landl“. Eine volksmusikalische Wanderung durch das Mostviertel (mit Walter Pöll).

1971

Volksmusik und Adel. Musikalische Beziehungen zwischen Herrschaft und Bauer.

Zithermusik aus Wien.

Höhe und Tiefe. Von der Klangfarbe in der volkstümlichen Musik (gemeinsam mit Ernst Köhler).

1971—1974

Aria viennensis. Seltenes von gestern und heute in der Wiener Musik.

Lieder und Reime für Kinder.

Sendereihe: Volksmusik in Leben und Forschung (gemeinsam mit Helga Thiel und Gerlinde Hofer).

1972

Karl Schönfeldinger — Das Leben eines burgenländischen Musikanten.

1972—1973

Schulfunk-Reihe: Österreichische Volksmusik
1. Die Musik in den Lebensbereichen
2. Das geistliche Volkslied
3. Das weltliche Volkslied
4. Die Mehrstimmigkeit im österreichischen Volkslied
5. Die instrumentale Volksmusik I, II
6. Die Volksmusikinstrumente
7. Von der Vielfalt der österreichischen Volksmusik.

1973

Dort wo... Zur Geschichte unserer Landeshymnen.

Da Gott der Herr zur Marter trat. Lieder zum heiligen Kreuzweg.

Von den Ursachen und Wirkungen der überlieferten Musik.

Vom Musicus zum Musikanten. Zur Geschichte volkstümlicher Musizierformen (gemeinsam mit Helga Thiel).

Lieder und Jodler aus dem Ötschergebiet und dem Urltal.

Lied, Musik und Tanz in Zöbern.

1973—1974

Schulfunkreihe: Volksmusik bei uns und anderswo — Vergleichende Betrachtungen zur europäischen Musikethnologie.
1. Der Bordun — Ein Grundelement europäischer Musikformen
2. Geigenmusik in Europa
3. Flötenmusik in Europa
4. Mehrstimmige Singformen in Europa
5. Musikalische Besonderheiten in der Hirtenkultur Europas
6. Die Tanzformen in der europäischen Volksmusik I, II.

1973—1976

Sendereihe: Gmischte Sachen aus Niederösterreich.

1973—1978

Sendereihe: Niederösterreichische Musikschulen stellen sich vor.

1974

Verlaubt's ma, i sing enk an Gsang. Lieder und Tänze aus Österreich.

Aria Styriaca — Die steirische Weis. Berichte, Betrachtungen und Erläuterungen zur Volksmusik der Steiermark.

Du bist von Staub... Betrachtungen über volkstümliche Buß- und Sterbelieder (gemeinsam mit Helga Thiel).

Heut is a freudenreicher Tag. Über das Lied der Osterzeit (gemeinsam mit Helga Thiel).

Die Hochzeitsköchin. Brauch, Lieder und Sprüche aus Mönchhof (gemeinsam mit Sepp Gmasz).

Im Burgenland steht unser Haus. Lieder und Tänze aus Kemeten.

Alle meine Damen und Herrn... Seltenes und Unbekanntes in der überlieferten Musik Niederösterreichs und des Burgenlandes (gemeinsam mit Helga Thiel).

Mit'n Hackbrettl und mit der Geign... Zur volkstümlichen Musizierpraxis in Österreich und in der Schweiz (gemeinsam mit Gerlinde Haid).

Tobi Reiser — ein Leben für die Volksmusik.

Das letzte Blatt. Musikalisch-kalendarische Merkwürdigkeiten in der Volksmusik.

1974

Mitgestalter bei den Fernsehreihen „Sing mit" und „Spiel mit" (= ab 1980 „Volksmusik aus Österreich").

1975

Wie reimt sich das zusamm? Gereimtes und Ungereimtes in Lied und Musik aus Niederösterreich.

Sendereihe: Volksmusik aus Jugoslawien, der Slowakei, Böhmen und Mähren, aus Griechenland, Mazedonien, Bulgarien, Rumänien und aus Polen.

1975—1979

Fernsehreihe „Fein sein, beinander bleiben". Volksmusik aus Österreich. 39 Folgen.

1976

Lieder, Tänze und Reime aus Arbesthal.

Besuch bei der Familie Fürnweger in Lunz.

1976—1977

Bemerkungen zum Leben und zum Werk Joseph Haydns. Tägliche (3 Minuten-)Sendung.

1976—1978

Sendereihe: Tänze und Lieder aus Wien. Musikalische Kostbarkeiten des 19. Jahrhunderts.

1977

Das neue Jahr tritt herein. Lieder und Musik zum Neuen Jahr (gemeinsam mit Gerlinde Haid).

Beim Puchegger-Wirt in Aspang.

O Jesu mein, welch große Pein. Passionslieder aus Niederösterreich und dem Burgenland.

Die Passion in den Liedern des Volkes.

Einführung der Sendereihe „Das blau-gelbe Notenbüchl".

Auf den Spuren weihnachtlicher Sing- und Spielformen.

1977—

Einführung der täglichen Sendereihe „Für Freunde der Blasmusik" (unter Landesintendant Ernst W. Marboe).

1978

30 Jahre Heimatverein Schwarzkogler — Mödling.

Aus dem Wiener Musikleben — 30 Jahre Wiener Singgemeinschaft.

Volksmusik in Leben und Forschung. Zum 60. Todestag von Josef Pommer.

1979

Vom Walzerischen zum Wiener Walzer. Eine unterhaltsame Belehrung (gemeinsam mit Reingard Witzmann).

A Gsang und a Musi aus dem Donautal.

Jugend musiziert. Bericht über das Preisträgerkonzert niederösterreichischer Musikschüler.

Komm nun wieder, stille Zeit. Alte und neue Adventlieder.

1979—

Einführung der Sendereihe „Blasmusik vom Nachbarn" (unter Landesintendant Dr. Paul Twaroch).

1980

Mensch, was hilft dein Wollustleben... Lieder und Texte zum Aschermittwoch.

Als unser Herr in den Garten ging. Lieder unter Texte zur Passion Christi.

Treu sein, net außigrasn... Lieder, Musik und Texte zur ländlichen Hochzeit.

Mit Sichel und Dreschflegel. Lieder, Musik und Texte zur ländlichen Arbeit.

1980—

Einführung der Sendereihe „Vom Radetzkymarsch zum Sternenbanner — Blasmusik der Welt" (unter Landesintendant Dr. Paul Twaroch).

1981

Wacht auf, ihr Hirten. Weihnachtspastorellen aus Österreich.

1981—

Wöchentliche Hörfunksendung: „Fein sein, beinander bleiben — Volksmusik aus Österreich“.

1982

30 Jahre Niederösterreichischer Blasmusikverband.

Musikszene blau-gelb. Zur 75. Wiederkehr des Geburtstages von Ernst Paul.

1982—

Sendereihe: G’sungen und g’spielt. Lieder und Tänze aus Niederösterreich.

VIII. VERZEICHNIS DER HAUSARBEITEN AM INSTITUT FÜR VOLKSMUSIKFORSCHUNG

Verfaßt von Lehramtskandidaten der Abteilung „Musikpädagogik" an der Hochschule für Musik und darstellende Kunst in Wien (Auswahl)

Brettbacher, Gabriele: Johann Holzinger — Ein Tanzmusikant des Traunviertels. Ein Beitrag zur Volksmusik in Oberösterreich, 1981

Brojer, Maria: Zur Situation der Musikpflege in St. Andrä-Wördern, Niederösterreich, 1979

Brunnbauer, Ilse: Studie zur musikalischen Überlieferung in Ybbsitz und Umgebung, Niederösterreich, 1982

Burian, Walter: Zur musikalischen Überlieferung und Spielpraxis im Raum Wartmannstetten bei Neunkirchen, Niederösterreich, 1976

Csenar, Christine: Liedgut und Brauchtum in Unterpullendorf, Burgenland, 1973

Deutsch, Elisabeth: Hirtenmusik und Dorfmusik als reales oder ideelles Motiv in der Kunstmusik des 18. und 19. Jahrhunderts, 1981

Dolak, Ludwig: Stiuationsbericht über das Volkslied am Beispiel der AHS Strebersdorf, Wien, 1972

Dollfuß Maria: Zur volksmusikalischen Überlieferung im Gebiet von Mank Bezirk Melk, Niederösterreich, 1976

Endelweber, Alfred: Religiöses Brauchtum, Volkslied und Volksmusik im Yspertal, Niederösterreich, 1968

Falkner, Herbert: Rudolf Scharka, oder ein Schlosser als Geigenbauer, Niederösterreich, 1972

Farnberger, Franz: Die Schremser Blasmusik, Niederösterreich, 1972

Fischer, Monika: Das Kirchenliedgut der Pfarre „Zum guten Hirten", Wien, 1972

Gabriel, Ulrich: Die Funktion und Bedeutung des Studentenliedes in Österreich, 1970

Gerdenits, Erich: Beiträge zur volksmusikalischen Situation in Puchberg/Schneeberg, Niederösterreich, 1978

Gmasz, Elisabeth: Die Musikantenfamilie Fleischhacker aus Illmitz, Burgenland, 1978

Gmasz, Josef: Die instrumentale Volksmusik in Frauenkirchen, Burgenland, 1973

Gmeiner, Alfreda: Das geistliche Liedgut im Prigglitztal, Niederösterreich, 1972

Gund, Klaus: Das Lied im zweiten österreichischen Bundesheer, 1967

Gruber, Peter: Volkslieder vom Angerberg bei Wörgl, Tirol, 1972

Haderer, Erich: Zur volksmusikalischen Überlieferung in Königswiesen und Umgebung, Oberösterreich, 1978

Haider, Hildegard: Untersuchung zur volksmusikalischen Überlieferung in Pamhagen, Burgenland, 1973

Halbartschlager, Alfred: Das volksmusikalische Bild von Waidhofen an der Ybbs, Niederösterreich, 1971

Hanel, Gerhard: Zur Volksmusik in Südtirol — Aus der Überlieferung der „Pseier Muata“ (Lina Mitterhofer), 1976

Holzer, Gottfried: Das Volkslied im oberen Mürztal, Steiermark, 1972

Horvath, Roland: Am Brunnenmarkt (Straßenrufe), Wien, 1965

Hruby, Michael: Musikalische, inhaltliche und geschichtliche Untersuchung zum Soldatenlied (am Beispiel des Liedgutes der „Einser-Schützen“), 1976

Huber, Franz: Das Musikleben von Schladming. Darstellung und Versuch einer Deutung, Steiermark, 1968

Ibounig, Margot: Edi Wasserfaller — Die Biographie eines Kärntner Sängers und das musikalische Umfeld seines Lebens, 1982

Jungwirth, Katharina: Analyse der Volksliedersammlung „Stimme der Heimat“, 1974

Kalchhauser, Rainer Maria: Der Wallfahrtsort Maria Langegg. Geschichte — Wallfahrten — Wallfahrtslieder, Niederösterreich, 1973

Kesselgruber, Helmut: Das volksmusikalische Bild von Niederkreuzstette und Umgebung, Niederösterreich, 1973

Kissling, Walter: Das Liedgut in einem Jugendheim, Wien, 1968

Kohlbauer, Adelheid: Zur überlieferten Instrumentalmusik im Raum Thernberg, Oberösterreich, 1974

Koller, Julius: Geistliches Liedgut einer Vorsängerin aus Stegersbach, Burgenland, 1971

Kominek, Karl: Das Chorwesen und das Singverhalten in den Pfarren Laaerberg und St. Anton, Wien, 1974

Köpl, Theodor: Das Volkslied im Waldviertel, Niederösterreich, 1967

Kuchler, Monika: Das musikalische Brauchtum der Knappen des Erzberggebietes Hüttenberg, Steiermark, 1973

Kümmel, Wolfgang: Die Gumpoldskirchner Heurigenmusik, Niederösterreich 1972

Lambauer, Otto: Das Traismaurer Krippenspiel — Geschichte und Aufführungspraxis, Niederösterreich, 1981

Landkammer, Ulrike: Harmonika, Zither und Okarina in der Volksmusik des Ötscherlandes, Niederösterreich, 1975

Längle, Anna Sabina: Eine Studie zum Tanz in Hohenzell/Bezirk Ried im Innkreis, Oberösterreich, 1981

Lazarus, Herbert: Der Volksgesang in den katholischen Kirchen Wiens, 1969

Lehner, Brigitte: Das volksmusikalische Bild von Rappoltenkirchen, Niederösterreich, 1967

Lhotka, Bernhard: Zur volksmusikalischen Überlieferung im Raum Klosterneuburg, Niederösterreich, 1976

Lutz, Hanni: Liedrepertoire einer Wiener Frau, 1967

Meyer, Elisabeth: Zur Liedüberlieferung im Gebiet von Weitra, Niederösterreich, 1976

Neumayr, Albert: Brauchtum und Volkslieder in Steinakirchen am Forst, Niederösterreich, 1966

Niel, Mechtild: Das Liedgut meiner Mutter, Niederösterreich, 1974

Niemetz, Maria: Zum geistlichen Liedgut im südlichen Niederösterreich, 1975

Öhlinger, Christine (Sr. Miguela): Liedgut eines Frauenklosters (Linz), 1969

Offterdinger, Wolfram: Die Situation des Singens und Musizierens im Wiener Heurigenlokal, dargestellt am Beispiel Grinzing, Wien, 1977

Oppitz, Günter: Zur musikalischen Volksüberlieferung im nördlichen Waldviertel, im Bereich von Drosendorf, Niederösterreich, 1975

Österreicher, Franz: Harmonikamusik aus Kärnten, 1973

Paul, Elisabeth: Zur volksmusikalischen Überlieferung in Kemeten, Burgenland, 1975

Pillgrab, Elisabeth: Zur volksmusikalischen Überlieferung in Konradsheim und Umgebung, Niederösterreich, 1973

Pleschberger, Hans: Totenbrauchtum im Katschtal, Kärnten, 1968

Popenberger, Maria Barbara: Liedpflege in meiner Familie, Niederösterreich 1969

Powischer, Wolfgang: Die Situation des überlieferten Singens im Raum des oberen Ennstales zwischen Steinach und Haus, Steiermark, 1975

Rambausek, Monika: Der Ober-St. Veiter Männergesangsverein, Wien, 1973

Rammel, Renate: Das Liebeslied im Departement Nièvre (Region Bourgogne/-France) und seine Parallelen im Kärntnerlied, 1981

Riedel, Elisabeth: Das geistliche Brauchtum und Liedgut im Waldviertel (Gebiet St. Leonhard am Hornerwald), Niederösterreich, 1973

Riedl, Gabriele: Franz Baumer — Das Leben eines Klarinettisten und Volksmusikanten, Ternitz, Niederösterreich, 1973

Sattler, Gottfried: Das burgenländische Sängerwesen — dargestellt an der Geschichte des MGV „Frohsinn“ Eisenstadt, 1974

Schandl, Elisabeth: Ernst Schandl — Ein bekannter Musiker der Wachau, Niederösterreich, 1971

Schmid, Otto: Geistliche Volkslieder aus Mattersburg, Burgenland, 1965

Schopf, Ilse: Zum geistlichen Liedgut in Kittsee, Burgenland, 1973

Schopper, Hermann: Brauchtum und Liedgut von Steinach und Umgebung, Tirol, 1970

Schwarz, Maria: Das Musikleben im Komitat Ödenburg in der zweiten Hälfte des 19. Jahrhunderts an Hand von Zeitungsberichten, 1980

Schwendinger, Herbert: Das Liederbuch der Maria Anna Matt (Bregenzerwald), Vorarlberg, 1969

Siedl, Gabriele: Studie über das Musikleben in Albrechtsberg an der Gr. Krems und Umgebung, Niederösterreich, 1982

Sigwald, Doris: Das Musikleben in Langenlois — Die Liedertafel, Niederösterreich, 1971

Sobotka, Wolfgang: Das Musikwesen in Waidhofen an der Ybbs, dargestellt am Beispiel des Männergesangsvereins/1843, Niederösterreich, 1978

Spanblöchl, Erwin: Die Geschichte des Neunkirchner Musikvereins, Niederösterreich, 1968

Stelzmüller, Dagmar: Das Liedgut eines Kindergartens, Wien, 1973

Tasler, Elisabeth: Volksmusik und Volksbrauch im Tullnerfeld, Niederösterreich, 1970

Tesarek, Leopold: Studie zur volkstümlichen Musizierpraxis in Pfaffstätten, Niederösterreich, 1973

Trimmel, Maria: Studie zur Kirchenmusik in Wiener Neustadt am Beispiel des Stiftchores Neukloster, Niederösterreich, 1982

Ullmann, Elisabeth: Geistliches Liedgut und Brauchtum im Waldviertel, Niederösterreich, 1972

Wagner-Strauß, Irmgard: Zur Geschichte des Kammerchores St. Othmar, Wien, 1973

Wally, Christine: Das volksmusikalische Bild von Sieding und Umgebung, Niederösterreich, 1967

Weiß, Ulrike: Die Rockaroas im unteren Mühlviertel, Oberösterreich, 1972

Winter, Michael: Rudolf Krischke — Leben und Werk eines Wiener Volkssängers, 1982

NAMENSREGISTER (zu den Kapiteln I—III)

VOLKSKUNDE UND VOLKSKULTUR

Festschrift für Richard Wolfram zum 65. Geburtstag. Herausgegeben von Helmut Fielhauer. 1968. 432 Seiten, 1 Farbtafel, 52 Fotos, 19 Zeichnungen, 56 Notenbeispiele, kart.

(Veröffentlichungen des Instituts für Volkskunde an der Universität Wien, Band 2.)
ISBN 3-85268-011-5

Inhalt: Verzeichnis der Schriften von Richard Wolfram. — Kurt Conrad: Volkstanz und Gesellschaftstanz in den Salzburger Landgemeinden. — Walter Deutsch: Die Melodien zum Polsterltanz. — Helmut Fielhauer: Brandwirtschaft im Ötschergebiet, Niederösterreich. — Károly Gaál: Die Volksfischerei im südlichen Burgenland. — Siegfried Gutenbrunner: Die 430.000 am Niederrhein. Ein Versuch zur Frühgeschichte der Volkssage. — Karl Haiding: Schwammerlkränze als Schmuck des heimkehrenden Almviehs. — Otto Höfler: Volkskunde und Kulturmorphologie. — Karl Horak: Der Ampflwanger Doppellandler. — Felix Hoerburger: Die Musik bei Bauernhochzeiten des südlichen Balkans. — Maria Hornung: Der „Mood(e)rtag“ in Laurein, Nonsberg, Südtirol. — Alfred Karasek-Langer: Historische Vorläufer der Weihnachtspyramiden aus Böhmen, Mähren und Schlesien vom 16.—18. Jh. — Franz Kirnbauer: Stand, Aufgaben und Probleme der Forschung über bergmännisches Brauchtum in Österreich. — Adalbert Klaar: Die Mischzonen in den Hauslandschaften. — Karl M. Klier †: Franz Kößler, ein Volksmusiker aus Hallstatt. — Franz Koschier: Der Nölblinger „Achter“-Tanz. — Georg Kotek: Die Sprechtexte im Steirischen Reiftanz von Oberwölz nach einer Aufzeichnung aus dem Jahre 1935. — Eberhard Kranzmayer: Der alte Gott von Tischlwang am Plöckenpaß. Eine religionsgeschichtliche Studie auf namenskundlicher Grundlage. — Ingrid Kretschmer: Stadtvolkskunde in kartographischer Sicht. — Hanna Laudova: Die figuralen Formen der älteren Paartänze auf dem Gebiete der CSSR. — Egon Lendl: Die europäischen Bevölkerungsverschiebungen und die moderne Volkskundeforschung. — Franz Lipp: Neue Bildquellen zum Kulttanz aus Oberösterreich. — György Martin: Der ungarische Mädchenreigen. — Vera Proca-Ciortea: Der Rhythmus der rumänischen Volkstänze. — Friedrike Prodinger: Salzburger Kostümstudien an Obermillner-Werkstatt-Arbeiten. — Wolfgang Rusch: Der Bregenzer Fastnachtsritt nach dem Kloster Mehrerau. — Bruno Schier: Kulturwandel volkskundlicher Erscheinungen in der deutsch-slawischen Kontaktzone. — Sepp Walter: Faschingsrennen und Bärenjagen. — Clara Wassitzky: „Klosterarbeiten“ aus dem Burgenland. — Lily Weiser-Aall: Arbeitsteilung zwischen Männern und Frauen.

VERLAG A. SCHENDL, WIEN